Mathias Eimann wurde 1977 geboren. Wenn er Geld hat, dann gibt er es aus. Und wenn man etwas von ihm will, dann muss man ihn „fünf Minuten vorher nochmal anrufen". Früher lag er im Acid-Sessel, heute hängt ein Dali-Poster über seinem Rechner. Studenten duldet er und sein Hund heißt Waro. Ohne Musik geht gar nichts – mit Autodidaktik geht viel. „Instinkt statt Bücher" hat ihn in die Filmbranche gebracht. Was danach kommt, weiß er nicht, und das ist gut so.

Stefan Kluge wurde im selben Jahr geboren, hat kein Zuhause und fährt gerne mit der Deutschen Bahn. Sein Leben besteht aus Projekten und der Freiheit, es jederzeit drastisch ändern zu können. Anfang der Neunziger entwickelte er Computerspiele. Ende der Neunziger maß er Motorräder daran, wie schnell sich überflüssige Plastik abbauen ließ. Dann kam die New Economy. Die wichtigsten Werkzeuge beim Schreiben dieses Buches waren ihm www.wortschatz.uni-leipzig.de und der Word-Thesaurus. Denn von Literatur hat er keine Ahnung. Aber dafür kann er mit Google umgehen.

Mathias Eimann (Koautor), Stefan Kluge (Autor)

Route 66 in einem 74er Cadillac

oder „At least – it's a good story"

Alle Rechte liegen bei den Autoren.
Konzept, Fotos & Design: Stefan Kluge
Website zum Buch: www.blickreich.de/route66
© 2003 Produktion Stefan Kluge, Leipzig
Herstellung: Books on Demand GmbH, Norderstedt
Printed in Germany
ISBN 3-8330-0581-5

Inhalt

„Aber was kommt schon dabei heraus, wenn sie alle in fremde Länder reisen? Nichts. Sie tragen ja doch wie Zinnsoldaten ihr bisschen Standort mit sich herum." Erich Kästner

Kapitel 1

Playlist

1. Xavier Naidoo – Wir haben alles Gute vor uns
2. Thomas Newman – Lunch with the King
3. Kruder & Dorfmeister – Heros
4. Vienna Scientists – Trash
5. Deep Purple – Sweet Child In Time
6. Deep Purple – When a Blind Man Cries
7. Led Zeppelin – All of My Love

Prolog

[irgendwo in New Mexiko; 23.5.2002]

„Produzent"

Der Wagen hat inzwischen fast Feuer gefangen. Der Auspuff ist aufgerissen, aus der Rückbank strömt Kohlenmonoxid. Meinem Berater hat es die Sprache verschlagen und unser Kameramann hängt betäubt im Fond des Cadillac. Hätten wir das Verdeck nicht offen, wäre er längst vergiftet. Donnernd schiebt sich die Karre mit letzter Kraft unserem Verderben entgegen. Ich höre das Echo der Fehlzündungen und das Kläffen eines verwilderten Hundes. Einig Meilen nachdem wir eine ausgestorbene Geisterstadt passieren, wird aus der geteerten Straße eine Schotterpiste. Der Motor stottert. Jedem von uns dreien ist klar: innerhalb der nächsten Meilen wird der Trip in diesem verrotteten Karren ein Ende haben.

Es wird noch schlimmer. Hinter jedem Hügel hoffen wir Zeichen der Zivilisation zu erkennen und ich bin fest davon überzeugt, dass uns in Kürze der 100-Liter-Tank um die Ohren fliegt. Es kommt, wie es kommen musste! An einem Hang versagt der Motor endgültig – hinter dem Hang: endlose Steppe, vor dem Hang: endlose Steppe. Auf dieser Straße sind wir noch keinem

Auto begegnet, wohin wir auch blicken – nichts als Steppe. Kein Telefon, kein Internet. Stuck in the middle of nowhere. Worst Case Nummer zwei. Mein Berater bleibt am Wagen und ich laufe mit meinem Kameramann dem Horizont entgegen.

[zwei Monate zuvor; 20.3.02]

„Produzent"

„Hallo Herr Eimann, hallo Herr Menzel! Ich schreibe euch aus einem Internetcafe in San Diego – habe mir gerade den Cadillac angesehen. Das Auto ist ein Wrack. An der Karre läuft praktisch nichts mehr. Die Schaltung ist so präzise wie ein Schrotgewehr, das Lenkverhalten hat Ähnlichkeit mit dem eines Segelschiffs, statt zu bremsen könnte man genau so gut den Hacken auf die Straße pressen und die Elektrik des Wagens erinnert mich an meine ersten Lötversuche. Böse Geräusche mit jedem Meter, den man zurücklegt und jedem Schalter, den man umlegt. Ein extrem baufälliger Kollege, oder mit anderen Worten: ein russischer Eisbrecher. Also habe ich die Karre genommen. Krass? Ich rede hier von einem Klassiker: ein 74er Cadillac Eldorado Cabrio, 8.2 Liter Hubraum, 365 PS V8, 2.3 Tonnen massiver Stahl, 2 Meter breit, 5.7 Meter lang – davon über 2 Meter Motorhaube und ein

Kühlergrill wie das Maul eines Haifisches. Es ist ein gottverdammter roter Hai! Wen interessiert da die Lenkung?

Zieht euch noch mal ‚Fear and Loathing' rein, ‚U-Turn' oder ‚Crime is King' und entspannt euch. Und dann geht davon aus, dass uns die Karre in der Wüste verreckt. So kann alles nur besser werden.

Fakt ist, da ich nun einmal hier bin, musste ich den Wagen nehmen. Der Vermieter lacht sich halb tot, dass ich dumm genug bin, ihm diesen Haufen Schrott abzunehmen. Ohne Quittung, ohne Vertrag, ohne dass ich sein Büro jemals gesehen hätte. Sollten wir mal festgenommen werden, dann war die Karre wahrscheinlich geklaut. Alles was ich von ihm habe, ist eine zweifelhafte Web-Adresse und sein noch zweifelhafteres Äußeres in meiner Erinnerung. So dumm kann man eigentlich nicht sein.

Wir werden sehen. Mit viel Glück treffen wir uns wie geplant in Washington am Flughafen.

Stefan"

[einige Wochen später; Do, 9.5.02]

„Produzent"

Noch 500 Meilen bis Washington. Der alte Caddy hat mich tatsächlich schon 5.000 Meilen durch die Staaten gebracht. Bisher ohne große Probleme und immer gewaltig und ausdrucksstark. Elvis ist in den Siebzigern mit diesem Modell durch sein Reich getourt. Auch Arnold Palmer, die Golfsport-Legende, fuhr einen roten 73er Eldorado. Na, wenn das nichts ist.

Für einen Außenstehenden stellt sich die Frage: warum fährt jemand, der kein Vertreter für Staubsauger, Küchengeräte oder Tupperware ist, freiwillig monatelang in einem Auto durch die Weltgeschichte? Wo Autofahren heute in etwa so viel Charme hat wie das morgendliche Weckerklingeln an matschigen Wintertagen. „Der Hunger nach Bewegung,", schrieb der amerikanische Autor James Agee, „ist vielleicht der ausgeprägteste und stärkste der amerikanischen Triebe." Und so wurde „das Automobil zum Opium des amerikanischen Volkes" – ich will auch diese Droge und um wirklich breit zu sein, wähle ich diese monströse Karre.

In vier Wochen muss das Auto wieder an der Westküste sein. Also hole ich am Dulles Airport meinen Kameramann und meinen Berater ab. Noch stehen die Zeichen gut für die Produktion unseres Kurzfilms im Roadmovie-Style.

Vor gut drei Monaten fasste ich mit meinem potenziellen Kameramann unsere erste Produktion ins Auge. Wir saßen damals an einer wissenschaftlichen Arbeit. Kurz vor dem Mittagessen, immer wenn das Hungergefühl stärker wurde als der Forschungsdrang, wurden wir regelmäßig von absurden Vorstellungen heimgesucht. An einem besonders arbeitsreichen Tag überkam uns die Idee, einen Kurzfilm aus der Perspektive einer Pommesschachtel zu erzählen. Eine vergammelte Pommesschachtel als Protagonist im Fußraum eines alten Cabrios. Die Schachtel würde am Ende des Films unbedingt kommentarlos weggeworfen werden müssen. Viel konkreter wurden unsere Pläne allerdings nicht. Irgendwann kam es jedoch über mich wie eine Eingebung: es muss schier unmöglich sein, sich in den Staaten anders fortzubewegen als mit einem dieser alten amerikanischen Straßenkreuzer. Und man müsste noch zwei, drei andere handfeste Klischees draufsetzen: Sonnenbrillen,

Kopftücher, Drogen. Klar. Route 66 – klingt auch gut. Damit wurden meine Vorstellungen präziser.

Zu meinem Kameramann, als striktem Drogengegner und sehr integerem Zeitgenossen, musste ich auf jeden Fall noch einen Gegenpol finden. Einen Gegenpol, der sich in das Filmprojekt einbinden lässt. Ich dachte dabei an einen ehemaligen Kameraden. Mit ihm hatte ich Mitte der Neunziger zusammen bei der Bundeswehr gedient. Der Mann hat inzwischen professionelle Filmbusiness-Erfahrung gesammelt. Und er hat mir damals das Kiffen beigebracht. Ihn könnte ich zu meinem persönlichen Berater ernennen. Damit kann ich mich anfreunden. Er ist einer der Typen, die sich im Supermarkt niemals an der kürzesten Schlange, sondern immer an der Kasse mit der schönsten Kassiererin anstellen. Bei Schießübungen hat er sich immer eine Blume ins Visier geflochten und damit den Zorn der Ausbilder entfacht. Mein Kameramann als akademischer Perfektionist vs. meinen Berater, den pragmatischen Lebemann. Klingt nach einem guten Match. Da könnte ich drei Wochen gut unterhalten werden. Darauf lasse ich es ankommen.

Also bereite ich unsere Tour vor. Was im Wesentlichen bedeutet, die Jungs vom Flughafen abzuholen. Um dann gemeinsam die USA zu durchqueren: Washington, New York, Chicago, Route 66, Los Angeles, San Diego – vielleicht 5.000 Meilen. Geschlafen wird im Auto, gegessen bei Burger King und alles Weitere regeln wir in den Internetcafes. So könnte das gehen. Dies im Sinn warteten die beiden ungeduldig in Deutschland auf meine erste Mail aus San Diego. In der würde ich sicher berichten, dass ich ein spektakuläres Auto in vorbildlichem Zustand besorgen konnte und dass unsere Pläne ohnehin nie hätten fehlschlagen können.

Der erste Fehlschlag

Wenn ich keinen Plan habe, auf Reisen also eigentlich immer, dann nehme ich meinen Atlas und suche nach grün gepunkteten Linien. Eine „Scenic Route" verspricht mir die Legende. Anfangs habe ich immer „science" gelesen und auf spektakuläre NASA-Gebäude oder McDonalds Science Foundations entlang der Straße gewartet. Bis mich dann Leo (dict.leo.org), das Wörterbuch, mal aufklärte: „landschaftlich reizvoll". Zwar scheint das in meinem zehn-Dollar-Barnes&Nobles Road Atlas ein dehnbarer Begriff zu sein, denn die Scenic Routes führten mich schon durch Ölfelder in Texas, die aussahen wie das Gewerbegebiet von Bitterfeld. Aber ohne die Karte würde ich wahrscheinlich tagelang im Kreis fahren und es erst merken, wenn mich der Tankwart darauf aufmerksam macht.

Die nahesten grünen Punkte führen auf die „Outer Banks" – eine Art Halbinsel vor der Küste North Carolinas. Im Grunde völlig sinnlos, da es sowieso dunkel sein wird, wenn ich dort ankomme. Aber vielleicht gibt es ja einen „landschaftlich reizvollen" Sternenhimmel zu sehen. Richtig. Es ist dunkel, als ich in Cedar Island ankomme. Noch 400 Meilen bis Washington. Hier hatte ich mir nun einen regelmäßigen Fährbetrieb ausgemalt. Einen, der mich zu den grünen Punkten bringt. Ein paar RVs, diese überdimensionierten amerikanischen Wohnmobile, stehen wie Bockwürste vor einem Ticketschalter. Auch sie haben die letzte Fähre verpasst. Nun schaue ich zum ersten Mal genauer auf die Karte. Um pünktlich den Flughafen zu erreichen, müsste ich morgen früh als Erster von der Fähre preschen und dann mit konstant 160 Sachen durch das Naturschutzgebiet toben. Das klingt verlockend, aber bei 160 schluckt der rote Panzer sparsame 45 Liter auf 100 km. Das war das Erste, was ich ausprobiert habe. Und damit dürfte ich nicht weit kommen. Also muss ich wieder zurück auf eine Interstate, dem amerikanischen Pendant zu unseren Autobahnen. Keine Outer Banks, was immer das sein mag. Zweihundert Meilen Umweg, Barnes&Nobles sei Dank.

[Fr, 10.5.02]

Noch 50 Meilen bis zum Flughafen. Die Interstate 95 ist sehr befahren. Während ich dahinrolle stelle ich mir vor, wie ich den Jungs dieses Stahlmonster vorstelle: braungebrannt und planmäßig mit Sonnenbrille und Kopftuch verziert bohre ich das Eisenschwein mit quietschenden Reifen in die „no permanent parking" Zone vor dem Terminal. Die Jungs schmeißen ihre Seesäcke in die Karre, mein Berater reißt einen coolen Spruch, wir donnern los und fahren dabei fast noch einen fetten Touristen um.

Es kommt anders. Auf der Interstate verliert das Auto plötzlich an Zugkraft. An jeglicher Zugkraft. Keine Fehlzündungen, kein platzender Reifen, kein zerberstendes Getriebe und auch keine brennende Rückbank. Einfach als ob ich den Leerlauf eingelegt hätte. Warum habe ich so was geahnt? Seit zwei Monaten fahre ich quer durchs Land. 50 Meilen, bevor ich die Jungs abholen kann, verreckt mir die Karre. Ich rolle auf dem Seitenstreifen aus.

Es könnte das gottverdammte Automatikgetriebe sein. „Automatic Transmission" nennt man das hier und das klingt nicht nach einem Schnäppchen. Ein Wagen der Highway Security stoppt hinter mir, gerade als ich nach einer Notrufsäule Ausschau halten will. Der Fahrer verbrachte seine Army-Zeit in Deutschland und bringt auch gleich ein paar deutsche Begriffe an: Autobahn, Oktoberfest, Heidelberg, München, Stuttgart. Hätte ich eine Hitliste für die bekanntesten deutschen Wörter bei ehemals in Deutschland stationierten US-Soldaten geführt, dann hätte mein Highway-Engel hier gerade einen Fünfer gelandet. Selbst im abgelegensten Hinterland Floridas traf ich vor einigen Jahren in einem Supermarkt mal einen dunkelschwarzen GI, der in tiefstem Schwäbisch von seinen deutschen Leibspeisen schwärmte.

Mit meiner ADAC-Karte werde ich kostenlos zur nächsten Werkstatt gebracht, da die nicht weiter als drei Meilen entfernt ist (was Werkstätten in amerikanischen Stadtgebieten niemals sind). In dem Zusammenhang schießen mir sofort die Bemühungen meines ADAC-Vertreters in den Kopf: *„Herr Kluge, sie sollten sich unbedingt für die Plus-Mitgliedschaft entscheiden, um den Abschleppservice auch im Ausland in Anspruch nehmen zu können!"* Danke, Herr Rotzewski. Ich wurde in Washington drei Mal abgeschleppt und jedes Mal hätte ich genauso gut eine Neckermann-Rabattkarte als Autoklubkarte vormachen können. Man sollte nur mit Nachdruck auf die Kooperation zwischen dem deutschen und dem amerikanischen Autoklub hinweisen. Und während dieser Ausführungen scheinbar en passant und höchst routiniert die Mitgliedskarte aus der Brieftasche ziehen. Der Fahrer will letztlich nur eine Nummer, um sein Formular auszufüllen. Den ADAC kennt hier sowieso keiner.

In der Werkstatt empfängt mich ein älterer Mann, der sich nicht ganz sicher ist, ob er den Wagen nun anfassen soll oder nicht. Keiner der Anwesenden kann glauben, dass ich dieses Wrack gemietet habe. War ich wirklich so blind? Eigentlich nicht, ich sah mich immer mal wieder mit dampfendem Motor in der Wüste stehen. Aber das Bild gefiel mir. Es waren Szenen aus „U-Turn". Weichgezeichnet und farbkorrigiert. Die Realität kommt nun weniger spektakulär daher. Die unerheblichen Momente lassen sich offenbar nicht herausschneiden. Vor allem aber kommt keine

Jennifer Lopez vorbei, um mich in ihre Villa zu fahren.

Der Mechaniker kapituliert. Also muss der nächste Abschleppwagen organisiert werden. Während ich mit dem Besitzer dieses Auto-Repair-Shops ein paar Sätze wechsle, stelle ich fest, wie ihn ein schlechtes Gewissen überkommt. Dieser Junge, der sein Sohn sein könnte, steht hier, irgendwo in einem Vorort von Washington, und realisiert allmählich, dass es mehr als ein paar Minuten und ein paar Dollar kosten wird, um die Lage wieder in den Griff zu bekommen.

Der nächste Mechaniker entpuppt sich als japanischer Getriebe-Spezialist. Nun fahre ich keinen Mazda. Tatsächlich könnte man mit dem Getriebe dieses Wagens wahrscheinlich ein halbes Dutzend Mazdas bestücken. Dennoch habe ich hier bessere Chancen, zumindest einen Kostenvoranschlag zu bekommen. Ich stelle mit kleinbürgerlicher Befriedigung fest, dass mein Englisch besser ist als seines. Allerdings würde ER das Getriebe nicht mit einem Geschirrspüler verwechseln. Da der Cadillac nur gemietet, geleast oder vielleicht auch geklaut – jedenfalls nicht meiner ist, kann ich keine Entscheidung im Alleingang treffen. Immerhin hat diese Sau von Vermieter noch 500 Dollar Kaution von mir. Und ganz sicher brennt er darauf, die zurückzuzahlen.

Ich versuche Mr. John P. Jung, „Specialist", jede Hilfe abzuverlangen, die er bereit ist zu geben. Hier ein Telefonat, da ein paar Fragen, die Bitte, das Auto zunächst auf seinem Hof deponieren zu können – und vor allem komme ich mit dieser stinkenden Höllenkiste, bei dessen Reparatur man davon ausgehen muss, dass sämtliche Schläuche und Weichteile vom bloßen Anschauen schon zerbröseln. Offenbar bin ich zu weit gegangen. Er wird langsam unfreundlich.

Im Büro um die Ecke wird mir auf die Frage nach einem öffentlichen Telefon bereitwillig das Handy eines Mitarbeiters angeboten – nur nach Deutschland soll ich nicht zu lange telefonieren. Spontan fällt mir dazu eine Geschichte ein, die mir eine Freundin kürzlich erzählte: An einer prall gefüllten Berliner Bushaltestelle konnte sie keinen einzigen Menschen finden, der bereit war, ihr für einen dringenden kurzen Anruf sein Handy zu geben. Die Leute leugneten sogar, überhaupt eines zu besitzen – im Jahr 2002. Und dabei sieht sie wirklich gut aus. Zufälligerweise ist sie Amerikanerin.

Das Auto ist bei „J. P. Transmission" zunächst gut untergebracht. Nun müsste ich mal über meine Jungs am Flughafen nachdenken.

Ankunft im Amiland

Achtung Landung. Unten rechts liegt ein Baseballfeld. Daneben eine Straße, auf der ein Schulbus fährt. Es schüttelt den Flieger. Jederzeit scheint es, als bäume er sich mehr auf, in Kürze wird wohl das Leitwerk abreißen. Da setzt er schon auf. Der Kameramann läuft vor mir. Davor läuft das halbe Flugzeug und hinter mir der Rest. Wir kommen an den Big-Great-Amiland-Check-In-Schalter mit fast zwanzig „Kassen" und werden sortiert – „get there please". Der Typ hinter dem Schalter fragt mich, ob ich eine permanente Adresse in den USA habe, bzw. eine Telefonnummer, worauf ich kurz und knapp mit „no" antworte und gleich hinterher schiebe, dass selbst der Flugbegleiter nicht wusste, was ich auf das grüne Formular hätte schreiben sollen, wenn ich hier in den Staaten nur campen will. Also noch mal „tent" ausgesprochen und meine Hände zum Dreieck geformt und schwupps war der Kringel auf meinem Formular und ich im Land der unbe-

18

grenzten Möglichkeiten.

Ich sehe schon mein Gepäck auf dem Transportband, stürze hin und registriere im Augenwinkel aufgeregtes Armwinken. Bitte lass es nicht unseren Kameramann sein. Es ist unser Kameramann. Ein wenig Warten und unklare Blicke, als auch *„Die lassen mich nicht rein!"* Mann, habe ich dir nicht gesagt, du sollst dir diesen albernen Schnauzer abrasieren? Nur Terroristen tragen heute noch Schnauzer. Und dann dieser mit Kameratechnik vollgestopfte Alukoffer. Jeder halbwegs motivierte Immigration Officer vermutet darin einen Satz Nuklearsprengköpfe. Selbst wenn der Officer kein atomares Attentat vermutet, dann findet wahrscheinlich ein Verhör über den Kofferinhalt statt: *„Haben sie überhaupt eine Dreherlaubnis?" „Mein Produzent hat sich darum gekümmert." „Und wo ist ihr Produzent?" „Weiß nicht." „Wache – nehmt diesen Terroristen hier fest!"* Tja, der Produzent sonnt sich draußen im Cabrio. Später sehe ich, wie einer der Sheriffs das Formular einer Afroamerikanerin zerreißt und sie anschreit, dass er das Zeug nicht braucht. Sie wird zurück geschickt. Cooler Job, denke ich und hoffe dennoch, dass unser Kameramann reinkommt. Der steht natürlich am selben Schalter. Soll ich ihm winken, dass er den Schalter wechseln soll? Ist wohl auch keine gute Idee: *„Hey Bill, der Typ mit dem Schnauzer und dem Alukoffer hat gerade die Schlange gewechselt – ruf die Wache!"* Und dann kommt ein muskelbepackter, sonnenbebrillter GI angesprungen, reißt unserem Kameramann den Alukoffer aus der Hand, schmeisst ihn in die Bombenkammer und Tausende Euro sowie die Vision von einem epochalen Filmwerk verdampfen mit einem dumpfen Knall. Scheiße Mann, ohne unseren Kameramann sind wir am Arsch. Soll ICH etwa den fetten Alukoffer durch die Gegend schleppen? Mein Produzent wird einen Dreck tun. Vor allem wird er mich zur Sau machen: *„Mann, Soldat, wie konnte das passieren? Nur noch fünf Meter Front und sie verlieren unseren besten Mann! Sie sind degradiert, Bäumer!"*

Wir wollten uns hier am Flughafen mit Joseph Volz treffen, einem in Washington lebenden entfernten Verwandten unseres Kameramanns. Und natürlich mit unserem Produzenten – dem Herrn Kluge. Keiner von beiden ist zu sehen. Das Gepäck habe ich schon zusammen, als er mir durch den Schalter erklärt, dass sie gerade Mr. Volz ausrufen, damit eine Adresse auf das Formular kommt. Unser Amerikaner taucht auf und bringt unseren Kameramann über die Grenze. Alles geschafft, sogar nicht noch mal durchsucht, nach den drei Mal in Frankfurt und in Paris auch genug.

Man hört von allen Seiten ein *„How are you?"*, eine Höflichkeitsform, eine rhetorische Frage. Es dient in erster Linie dazu, ein gutes Gefühl zu erzeugen, glaube ich. Und es verfehlt die Wirkung nicht. Kein Gespräch verläuft scheinbar ohne diese Floskel und zweitens ohne die fast sportliche Überlegenheit, die die Amis, das riesige Land im Rücken, rüberbringen. Selbst die Alten wirken jung, wenn sie davon reden, wie sehr man es sich hier gut gehen lassen kann. Das Land der unbegrenzten Möglichkeiten. Meine deutsche Rationalität und das In-Frage-Stellen bringt mich natürlich sofort zu dem Standpunkt, dass sie damit irgendetwas verbergen, vielleicht die fehlende Kultur, wie ich sie kenne, vielleicht die Unterschiede, die das Geld hier kilometertief reißt.

Ich komme mir ziemlich verloren vor. Plötzlich wird mir bewusst, wie abhängig ich von diesem Fahrzeug bin. Unser Freund Joe bringt es später auf den Punkt: *„A car is great as long as it runs. Once it breaks down, it's like an albatross around your neck."* Ich plage mich mit öffentlichen Telefonen und Verkehrsmitteln rum, versuche die Adresse von Joe herauszubekommen oder wie auch immer Kontakt aufzunehmen. Genau: „Wie auch immer". Eigentlich habe ich wieder keinen konkreten Plan, stehe vor dem öffentlichen Telefon rum, in der U-Bahn, am Flughafen oder vor dem Bus-Terminal. Aber ich habe das Gefühl, ich komme weiter. Nach einer Odyssee durch die US-Hauptstadt treffe ich am späten Abend in der Lobby eines sehr stilvollen Appartementhauses auf ein elegantes und sehr sympathisches, älteres Paar. Wir unterhalten uns bis tief in die Nacht und danach bin mir sicher, mit der Hilfe unserer Gastgeber Joe und Kate werden wir alles, d.h. vor allem diese verdammte Karre, wieder auf die Reihe kriegen.

Amerikaner sind fröhlich. Gehe ich im Winter durch eine deutsche Großstadt, so fallen mir immer wieder frustrierte Menschen auf. Junge Kerle, die dir an der nächsten Ampel fast auf die Fresse hauen, wenn du nicht mit mindestens 80 in der 30-Zone vor ihnen herfährst. Mädchen mit hängenden Schultern, nach vorne geschobener Hüfte, willenlos schlenkernden Gliedmaßen und einer militanten Eleganzlosigkeit: *„Für euch scheiß Kerle muss ich noch lange nicht schön sein!"*. Schaut man einer solchen jungen Frau forschend in die Augen, dann antwortet sie mit einem energielosen, verachtenden Blick, der sagen will *„Du bist auch nicht besser als die anderen Typen!"*. Und trotzdem spürt man, dass sie eigentlich ganz nett sein könnte.

In Amerika ist das anders. Hier sieht man ständig fröhliche Menschen. Fährst du mit der Hälfte des Tempolimits vor einem Amerikaner her, dann folgt der dir entweder stundenlang, ohne ans Überholen oder gar ans Hupen zu denken. Oder er schließt neben dir auf und fragt dich, ob er dir helfen kann. (Oder er durchsiebt deinen Schädel mit einem Schnellfeuergewehr.) Nun kann man ihnen vorwerfen, es wäre ja alles nur aufgesetzt und Spaß ist nicht alles im Leben und so weiter. Aber das ist mir egal, wenn ich in einem Bus sitze und drei Stationen später sowieso wieder aussteige. Dann ist es einfach erquickend, wenn mir mein Sitznachbar erzählt, wie er gestern Abend versehentlich fast den Hamster seines Sohnes Ed im Trockner getoastet hätte. Wenn ich in Clubs gehe, zumindest in den Südstaaten, dann sind mir noch nie Rangeleien oder Aggressionen aufgefallen. Von deutschen Diskos kann ich das leider nicht behaupten. Vielleicht liegt es am Wetter – jedenfalls sind Amerikaner einfach fröhlicher.

[Sa, 11.5.02]

„Berater"

Nachdem wir geduscht hatten und auf das Bett gefallen waren, war kurz Ruhe. Schwarz. Schlafen, nach 36 Stunden auf den Beinen. Türklopfen – unser Kameramann steht auf und öffnet, es ist der Herr Produzent – er kommt mitten in der Nacht. Vorher habe ich mich fast nicht darum gekümmert, was er macht – hatte weniger als zwei Gedanken daran verschwendet. Ich wusste irgendwie, dass das Auto tot war, und nun steht mein Produzent hier. *„Sehr gut, Meiner"* – mein erster Gedanke. Eine weitere gesprächsreiche Stunde enthielt dann die Geschichte vom Absterben des Cadillacs.

Mann, kann es nicht endlich Tag werden? Von draußen dringen Vogelschreie herein. Hört sich an, als ob ein paar Reiher beim Frühstück diskutieren. Irgendwie tropisch, irgendwie anders. Überhaupt ist hier etwas anders. Die Sprache? Ja, die könnte es sein. Selbst die Krähen krächzen hier in einem anderen Dialekt. Oder sind das Dohlen? Es muss so gegen vier sein. Zu meinen Füßen pennt mein Produzent auf zwei Isomatten im Schlafsack. Zu meiner Rechten kämpft unser Kameramann mit dem Jetlag und wälzt sich von einer Seite zur anderen. Am besten, ich versuche noch mal einzunicken, noch mal für zwanzig Minuten wegzupennen, wie kurz zuvor.

Es dämmert – das macht es jetzt schon die ganze Zeit. Die Vögel sind immer noch am labern. Kurz und entfernt hört man eine Sirene der Washington Police. Jetlag sucks. Den Raum hier haben uns Joe und Kate in ihrem Appartmenthaus gemietet. Wenig später sollten wir erfahren, dass auch Nixon und andere „große" Männer wie Otto von Habsburg hier gewohnt beziehungsweise für einige Zeit Quartier bezogen haben. Kurzer Blick zum Kameramann, nicht überrascht, dass er auch guckt, ich frage ihn nach der Zeit, die er mit einem kurzen Gang zur Allzweckweste, dem Blick auf die Kult-Uralt-Westpaket-Quarz-Anzeige und *„sechs Uhr"* beantwortet.

Als ich aufwache, fällt mir der verwahrloste Autovermieter ein. Oder Mafia-Autodealer, müsste ich sagen. Richtig. Da war noch was: das Auto. Mein Berater ist schon wach und noch bevor mir mein schmerzender Nacken bewusst wird, begrüßt er mich gefühlvoll: *„Toll, Herr Produzent! Alles was du machen solltest, war, uns einen Wagen zu besorgen. Und was macht der Herr Produzent? Holt sich die fetteste Kiste, fährt auf Produktionskosten monatelang durch die Staaten, nennt das dann ‚Locations checken', und eine halbe Stunde bevor auch wir in die Karre springen können, zerschrotet er das Ding! Als dein Berater rate ich dir, uns schleunigst einen mindestens genauso monströsen Wagen zu besorgen, mit dem wir es bis an die Westküste schaffen!"* Mit diesem konstruktiven Ratschlag macht mich mein Berater dezent auf die Realität aufmerksam. *„Komm mir bloß nicht mit der samoanischen Anwaltsmasche: ‚Als dein Berater rate ich dir ...'! Sonst muss ich von dir auch verlangen, dass du mir Rauschmittel aus frischen Adrenalindrüsen besorgst und mich gegebenenfalls aus dem Knast holst."* – mehr fällt mir zu meiner Verteidigung nicht ein und der Tag kann beginnen.

Natürlich habe ich bereits den ganzen letzten Tag versucht, meinen Mafia-Autodealer anzurufen. Per E-Mail erreiche ich ihn heute. Der Kostenvoranschlag ist ihm zu hoch. Oder mit anderen Worten: *„Macht was ihr wollt, Jungs, von mir bekommt ihr keinen Pfennig!"* Also wandern wir in Joes Arbeitszimmer auf und ab. Was nun? Konsens Nummer eins ist schnell gefunden: es muss billig sein. Mein Berater ist Realist: *„Viel kann passieren. Aber auf keinen Fall wird es billig werden!"* *„Mein Berater wird recht haben"*, versichere ich meinem optimistischen Kameramann. Konsens Nummer eins wird also gestrichen. Mein Kameramann bringt einen Alternativvorschlag: *„Es muss schnell gehen!"* *„Dann empfehle ich euch einen Cadillac-Dealer"*, bringt Joe an. *„Dort werdet ihr einen vernünftigen Kostenvoranschlag bekommen. Für 90 Dollar die Stunde."* In der Mail meines Mafia-Autodealers wurde ich darauf hingewiesen, dass möglicherweise ein einfacher, mechanischer Defekt vorliegt, da das Getriebe wohl erst kürzlich repariert wurde. Nun, in der Mail kam das eher wie ein gequälter

Nebensatz daher. Einer von der Sorte: *„Du, Vati, ich habe dein Auto verbeult, aber wenn man nicht direkt davor steht, dann sieht man es kaum."* Für uns allerdings ein Strohhalm zum Klammern. Ich sehe mich unter dem Auto liegen, einen aus der Halterung gesprungenen Bowdenzug einhaken und unsere Tour kann beginnen. Mein Kameramann ist von dieser Vision begeistert. Mein Berater lacht sich halb tot, als ich ihm davon erzähle.

Rumhängen in Washington

Washington sightseeing. Joe, der unser Opa sein könnte, mit weißem Vollbart und großer Brille irgendwie intellektuell und sehr liebenswürdig aussieht, führt uns in die Tiefgarage. Alles was er auf der Fahrt vom Airport zum Appartement angerissen hatte, kommt jetzt ganz dick. Mit fliegenden Händen zeigt er von rechts nach links, von oben nach vorn, mit streichenden Handbewegungen erklärt er die Beschaffenheit der Gegend und

„Berater"

25

beschreibt deren Größe, um dann wieder auf etwas zu zeigen. Jedes Ding hat seine Geschichte, Joe, ehemals Washington Post Reporter, kennt sie alle. Das Washington Memorial, der große Obelisk, der zwischen Capitol und Lincoln Memorial steht, zum Beispiel, wurde nur bis zur Hälfte gebaut, bis der Stein aufgebraucht war, um es dann zwei, drei Jahre so stehen zu lassen. Als man die Bauarbeiten wieder beginnen ließ, war das Baumaterial im Steinbruch aufgebraucht und man musste eine dunklere Sorte verwenden, so dass er jetzt zweigeteilt da steht, unten ein wenig heller als oben. Die Amis haben eine sehr krasse Bauweise hier. Angelehnt an die Historie und den griechischen Stil versuchte man wahrscheinlich so monumental wie möglich zu bauen. Gepaart mit sehr vielen blockähnlichen, fast bauhausartigen und funktionell anmutenden Gebäuden macht die Stadt den Eindruck einer wie-auch-immer wehrfähigen, aber von Denkprozessen durchzogenen Stadt. Will meinen, dass es offensichtlich aufgesetzte Bauweisen sind, kein eigener Stil, nichts Neues, aber trotzdem so gut gebaut, und auch so logisch angeordnet, dass man der Stadt abnimmt, ein Big Player in der Hitliste der Stadtbaukunst zu sein.

An allen großen Gebäuden stehen Marines in fetten Militärbrummern und checken die Lage. Klar, 9/11 hat tiefe Wunden gerissen, die Amerika nicht aufhören wird zu lecken, bis es sich wieder sicher fühlt oder im Dunkeln liegende Pläne ausgeführt hat. Auf unserem Weg halten wir kurz, Joe bestellt sich landestypisch einen Burger. Wir nehmen die Soup of the Day und hoffen, dass die so europäisch wie möglich ist.

Es geht weiter, vorbei an einer Militärausstellung, direkt zwischen Lincoln Memorial und Capitol. In Deutschland wäre das nie drin, es wären sofort Linke am Start, die eine Demo aus dem Hut zaubern. Mir begegnen vollständig getarnte Pfadfinder, mitten in der Hauptstadt. Dass Jugendorganisationen ihre Jüngsten auf Krieg spielen trimmen, ist auch sehr bizarr. Überhaupt und vor allem sind die Amis sehr nationalistisch. Sie brauchen nur die Augen aufzumachen, zack, spiegeln sich Stars und Stripes darin – zum Teil zieren die Fahnen ganze Straßen.

Gleich neben dem Streifen, dessen Mitte der Obelisk bildet und an dessen Seiten Capitol und Lincoln Memorial sich gegenüberstehen, ist das Space & Aircraft Museum. Es kostet keinen Eintritt, der Staat Washington D.C. zahlt 'ne Menge für Freizeit hier. Mein Produzent ist gelangweilt, unser Kameramann versucht trotz der schlechten Lichtverhältnisse das Beste rauszuholen und ich rate beiden, sich einfach zu entspannen. Hätte niemals gedacht, mit den Errungenschaften und den Originalraumkapseln, die das Space Race mitgemacht haben, in einem Raum zu stehen. Die Kapseln sind in Plaste eingeschweißt und man sieht die Verbrennungsspuren, die der Wiedereintritt verursacht hat – *„Ist das etwa nichts, Jungs?"*

[So, 12.5.02]

Ich wünschte, ich hätte das Space Race persönlich miterlebt. Nicht dass mich das All besonders fasziniert. Ich hatte weder Enterprise-Modelle an der Zimmerdecke hängen noch las ich Perry-Rhodan-Hefte. Und beim Zappen bin ich bei Star Trek-Voyager nur dann hängengeblieben, wenn Seven of Nine im Bild war. Aber die Faszination eines ganzen Volkes für die Raumfahrt, das gemeinsame Fiebern um eine glückende Mondlandung in Tausenden von Kneipen im Land kann ich mir besonders bei den begeisterungsfähigen Amerikanern gut vorstellen. Der erste Mensch auf dem Mond, Star Trek, die Apollo-Programme – das All war allgegenwärtig. Sicher wurde damals viel über astronomische und physikalische Erkenntnisse geredet. Umso erstaunlicher ist die verbreitete amerikanische Vorstellung von der Entstehung der Menschheit nach biblischem Vorbild. Was in deutschen Schulen als einer der Grundpfeiler der modernen Naturwissenschaften gelehrt wird – die Evolutionstheorie – ist besonders in einigen Südstaaten nichts als eine kontroverse Theorie. Darwins Erkenntnisse, die Urknall-Theorie, der Nachweis des Erdalters – alles keine Gründe, nicht die Ausführungen des Alten Testaments zu lehren: die Schaffung des Menschen nach Gottes Ebenbild auf der sechstausend Jahre alten Erde.

Ich wohnte vor gar nicht allzu langer Zeit gut sechs Wochen lang bei einer jungen Amerikanerin in South Carolina. Eines Nachmittags saßen wir gemeinsam auf der superweichen Fernsehcouch und ließen uns vom Discovery Channel beschallen. Dort lief gerade eine Dokumentation über die Evolution des Menschen und als Amanda, wohlgemerkt studierte Biologin, die Darstellung des Ursprungs des heutigen Menschen erblickte, wurde sie total hysterisch. Sie war tatsächlich von Adam und Eva überzeugt. Ich war sprachlos. Sprachlos und dankbar. Dankbar für die Erkenntnis, dass man sich trotz krasser Differenzen im Weltbild gemeinsam Chips essend auf der Couch sielen kann.

Zweiter Sonntag im Mai – Muttertag. Kein Abschleppservice erreichbar. An einer belebten Tankstelle telefoniert einer der Tankwarts wie selbstverständlich eine halbe Stunde herum, um uns einen Abschleppwagen zu besorgen. Kriegt er Provision? Wird er vom Staat bezahlt? Oder hat er Angst vor dem roten Hai? Ich hatte die Tankstelle noch nicht richtig betreten, da war ich mir schon sicher, hier würde man uns niemals weiterhelfen. Es ist beeindruckend: immer wieder passiert es mir, dass ich gerade dann, wenn ich einen Menschen endlich in eine Schublade stecken konnte, er diese Vorstellung mit einer einzigen

Geste zerstört. Es ist dann wie ein riesiger Spiegel, der mir entgegengehalten wird, und ich komme mir winzig und verlegen vor. So war es, als ich kürzlich auf einem Parkplatz im Auto saß und mich köstlich über einen Hinterlandpolizisten amüsierte, als der mir plötzlich völlig unerwartet ein Lächeln zuwarf. Und so war es, als ich in Folge einiger dummer Zufälle auf dem Bürgersteig in einer Kleinstadt auf die Reparatur des Cadillacs wartete, am liebsten sofort dem ganzen Land den Rücken zugewandt hätte und mir unverhofft ein Anwohner eine Flasche Wasser brachte: *„Ich dachte mir, du könntest durstig sein!"*

Am Abend lernen wir Pam kennen, Kates Tochter. Sie ist gnadenlos ehrlich und offen. Auf die Frage, was wir denn in den Staaten vorhaben, und unserer romantisch vorgetragenen Antwort: *„Wir planen einen Trip entlang der Route 66 in einem amerikanischen Klassikwagen"* lacht sie uns mitten ins Gesicht: *„That is stupid!"* Wow. Ich hatte geheucheltes Interesse erwartet. Sehr gut, so sollten Gespräche verlaufen. Ich möchte ihr die Hand geben, um mich zu bedanken. Natürlich hat sie Recht. Auf sie muss es wirken wie der in Klischees erstickende Traum von ein paar einfältigen Jungs. Und das ist es auch, wenn man es nicht augenzwinkernd betrachtet. Wie der Versuch, ein B-Movie ernst zu nehmen. Wir lernen uns kennen und sie versteht uns natürlich. Eine beeindruckende Offenheit. Vollgefressen und vom Platzregen durchnässt kehren wir in unser Appartmenthaus zurück.

[Mo, 13.5.02]

Wir fahren früh zum Auto, um es zu einem Cadillac-Dealer zu schleppen. Als Erstes rufen wir den AAA an, einen Automobilclub, den amerikanischen ADAC sozusagen, um einen Abschleppwagen zu besorgen. Mit fester und problemgestandener Stimme fordert Joe alle heraus, die er an das Telefon bekommt. Die ersten beiden bringen es nicht: *„We can't help you, Sir!"* *„Give me your supervisor!"*, und der hilft uns dann auch gleich. Also auf und die Highways entlang.

„Produzent"

Während wir am Auto auf den Abschleppservice warten, lasse ich meinen Berater noch mal das Leder anfassen und versichere ihm, dass ich zwei Monate lang vorzüglich darin saß, es aber unwahrscheinlich ist, dass er das auch erleben wird: *„Wir werden die Karre hier stehen lassen müssen und uns einen Toyota Corolla nehmen. Da kannst du dich dann in deinen Filzsitz kuscheln, umgeben von totem Blech und billigem Interieur."* Mein Berater ist am Ende. Unser Kameramann glaubt mir kein Wort und prüft schon mal die Filmtauglichkeit des Lacks. Ein Abschleppwagen kommt zufällig vorbei und liefert eine Straße weiter ein Auto ab. Wir einigen uns auf 50 Dollar bis zum nächsten Cadillac-Dealer. Der Truck geht in die Knie bei unserem Zweieinhalbtonnen-Stahlmonster. Schließlich muss er aufgeben. Keine Chance für den Abschleppwagen. Tatsächlich hätten wir vermutlich eher ihn ziehen können. Schließlich kommt der bestellte Wagen, der einige Dimensionen größer ist. Und für 30 Dollar weniger schafft der es auch zur Werkstatt.

Unser Gästezimmer im Appartementhaus ist diese Nacht für uns nun nicht mehr verfügbar. Washington zählt zu den teuersten Städten der Welt – spontan schießt mir *„Jugendherberge"* in den Kopf, vielleicht die einzige Möglichkeit, eine bezahlbare Bleibe für die Nacht zu finden. Es stellt sich heraus, dass es eigentlich nicht bezahlbar ist. 90 Dollar für uns drei in einem Schlafsaal mit weiteren acht Leuten. Wir haben keine Wahl. (Natürlich hätten wir eine Wahl! Wie wäre es mit der Straße? Es ist Sommer. Eine Parkbank findet sich. Es ging anderen Leuten schon schlechter.

Liegt das hinter unserem Horizont? Liegt das NOCH hinter unserem Horizont? Oder muss es einfach nicht sein?)

[Di, 14.5.02]

„Berater"

Der Jetlag ist vorbei. Wir werden eine Kostenschätzung für den Caddy bekommen und nehmen ein Taxi zur nächsten Metro. Der Taxifahrer ist voll unserer Meinung: *„it's really expensive"* und er ist sprachlos darüber, dass wir den Caddy hierher gebracht haben, zum lizenzierten Cadillac-Dealer. Genau so gut könnte man für den Wochenendeinkauf zum Tankstellenshop fahren. Wir nehmen die Metro und kommen irgendwann, mit einem kleinen Umweg über das Pentagon und der obligatorischen Besichtigung der Planecrashsite, im Appartementhaus an. Heftig, wie viele Militärs dort rumschleichen, alle irgendwie geschniegelt, und als wir wieder zur Metro zurück wollen, wissen wir nicht, ob vor uns die Chippendales laufen oder ob das Marines mit ihrer Ausgehuniform sind, alle fies bodygestylt.

„Produzent"

Vor einem Kino sitzen ein paar Leute, die dort seit einer Woche auf die Premiere von Star Wars Episode II warten. Nicht, weil die Tickets rar wären, sondern um einen guten Sitzplatz zu bekommen, lasse ich mich aufklären. Ich überlege, was in diesem Kino passieren müsste, damit ich eine Woche lang auf dem Gehsteig wohnen würde. Und das traurige ist: mir fällt nichts ein. Ich muss der einzige Mensch sein, der noch keinen Star Wars-Film gesehen hat. Wir hätten hier die ganze verdammte Nacht feiern können und dafür keine 90 Dollar zahlen müssen.

Joe hat inzwischen einen Freund angerufen, Jürgen Haber. Er wurde in Deutschland geboren und ist von unserer Story begeistert. Deshalb will er uns in einem seiner Häuser unterbringen und schickt gleich eine Mail an seine Freunde raus: *„Dear Friends: Stop the Presses! The new thrilling. The stupendous act straight from – bada boom – East Germany, making its American debut at: www.blickreich.de (...) There's no excuses, I've given you the addresses, you need to invite the three guys from Leipzig to your home where they will eat you out of house (...)"*

Wirklich cool, aber was wird passieren? Wird uns sein Kumpel, der wahrscheinlich der Schwager vom Präsidenten ist, im Weißen Haus schlafen lassen? Oder wird nichts passieren? Hm, wie stehen wohl die Chancen?

[Mi, 15.5.02]

8:40 Uhr, das Telefon klingelt – das muss der Präsident sein! Nein, besser: Es ist der Cadillac-Dealer. Nicht die Transmission, sondern die Front-Achse ist verendet: $700! Grund zur Freude. Freude? Weil uns der Japaner einen vielleicht völlig aus der Luft gegriffenen Preis von $1500 nannte? Oder weil wir nun endlich wissen, woran wir sind? Wahrscheinlich weil es am Telefon klang, als würde das Auto heute noch fertig werden. Wir haben wieder ein Ziel.

„Berater"

Joe führt uns in „The Corcoran Gallery of Art", in das Auditorium. Dort wird jeden Mittwoch um 11.30 Uhr ein kostenloses Jazzkonzert von unterschiedlichen Artists gegeben. Es ist erhebend. Wir werden persönlich in dem halbrunden, mit fünf Stuhlreihen bebauten kleinen Saal begrüßt: *„We especially welcome the three German guys!"* Das Konzert war der Burner, ich habe nie einen so guten Drummer gehört, was der mit Pinsel und Stock aus dem Teil geholt hat – Wahnsinn. Am Ende bin ich in beinah gospeltranceähnliche, nahezu deutschekellergeheimpartyartige

Begeisterungsschreie ausgebrochen, als der Applaus fällig war.

„Produzent" Jetzt ist es passiert. Mein Berater ist ausgetickt. Das war zuviel. Eigentlich wollte er in dicken Ledersesseln durch die Wüste kutschiert werden. Den Pott im Mund und den Wind im Haar. Nun muss er sich bunt geschminkte Pfadfinder, Star Wars-Touristen und historische Scheißmuseen anschauen. Vorsorglich haben wir ihn einige Meter von uns entfernt platziert. Jeden Moment muss sich Schaum vor seinem Mund bilden. Mein Kameramann will damit nichts zu tun haben. Und ich muss dann mit der Mutter meines Beraters reden: *„Tut mir leid, Frau Eimann, ihren Sohn konnten wir leider nicht mehr retten. Bei einem Jazzkonzert ist er dann endgültig von uns gegangen. Aber ich kann ihnen versichern, dass er das Beste für sein Land getan hat."* Und dann reiche ich ihr den Brief mit seinen letzten Worten, den er mir mit Tränen in den Augen am Ausgang des Auditorium in die Hand drückte, bevor er sich mit der Triangel zu Tode strangulierte.

Kapitel 2

Playlist

1. Massive Töne – Cruisen
2. Will Smith – Just Cruising
3. Limp Bizkit – n 2 gether now

Der Wagen rollt

„Berater"

Wir rufen den Cadillac-Dealer an – das Auto ist fertig, wir werden es abholen. Keine besonderen Vorkommnisse, außer, dass ich zum ersten Mal fahrend im Fond des 74 Eldorado sitze und mir ein Hammerfeeling von Rappertum, Chillness und Freiheit über die Stirn kriecht, während ich das Leder umklammere, mir der Wind durchs Haar streift und ich in die Sonne starre. Ruhig und bullig nimmt der Wagen Fahrt auf. Die Straßen in den Vororten sind betoniert, mit kleinen Absätzen nach jeder Platte, aber die Federn des Cadillacs dämpfen alles bis zu einem Erdbeben Richterskala drei. Hammer smooth. Wir cruisen mit 365 PS unterm Arsch. Kurze Schatten vor uns, kurze Schatten nach uns. Chillen in der Mittagssonne, durch Washingtons Verkehr. Mit diesem Karren liegt der Vorteil klar auf der Hand: Man hat Respekt. Man wird reingelassen, und man wird rausgelassen, wo man will. Wer nicht bremst, der prallt ab. Die Spur wechseln – kein Problem: Kopfdrehung durch den offenen Wagen, kurzer Blick, erstaunter Antwortblick gepaart mit einem respektvollen *„Bitte"* im Kopfnicken und Zack. So tief auf der Straße habe ich lange nicht gelegen, die Hinterräder verstecken sich halb im Radkasten. Da kommt kein GTI oder sonst ein Prollowagen ran. Die Motorhaube scheint bis zum Horizont zu reichen, der Kofferraum fällt lang ab und macht dem zyklischen Vorbeistreichen der Fahrbahnmarkierung Platz.

Amerikaner leben in ihren Autos. Wo immer es möglich ist, werden Drive Throughs installiert. Drive Throughs, die in Deutschland nur deshalb Drive Ins heißen, weil der PR-Abteilung von McDonalds klar war, dass sich 95 Prozent der deutschen Eltern beim Aussprechen des Wortes „through" vor ihren Sprösslingen schlichtweg lächerlich machen würden. Man kann hier ohne Probleme einen ganzen Tag aus dem Auto heraus verbringen: nach dem Geldholen am Hausbank-Drive Through wird am Fast Food-Schalter gestoppt, um sich anschließend in der Drive Through-Apotheke mit Schlankheitsdrogen und den fehlenden Vitaminen einzudecken. Ist auch der Hund inzwischen an Bewegungsmangel erkrankt, dann schaut man noch mal beim Drive Through-Tierarzt vorbei. Und wer das alles zufällig gerade in Las Vegas macht, der kann auf die Schnelle noch seine Partnerin im Drive Through-Marriage ehelichen.

Es wird also höchste Zeit, dass auch wir unser erstes Drive Through-Fast Food erstehen. Und damit wären wir schon beim nächsten Klassiker: Getränkehalter. Heutzutage werden Neuwagen in den USA nach der Anzahl der „Cupholder" bewertet. Schaut man sich Werbekampagnen namhafter Automobilhersteller an, so spielt das Feature Getränkehalter in der Liga der Zylinderanzahl, der Sicherheitsausstattung oder etwa der Zuladungskapazität. In modernen Minivans, etwa dem Chevrolet Venture, findet man bis zu 17 Getränkehalter! Neben dem Spritverbrauch halte ich das für den wesentlichen Grund, warum unser Cadillac auf Amerikas Straßen kaum noch vertreten ist: ein fehlender Getränkehalter. Denn obwohl an dem Wagen nahezu alles automatisierbare auch elektrisch angetrieben wird, wie etwa die Antenne, die Fenster, die Kofferraumklappe, die Sitze, die Verriegelung oder das Verdeck, hat man 1974 wohl selbst bei Cadillac nicht an Getränkehalter gedacht. Man könnte eine geschlagene Stunde damit verbringen, unterschiedliche Schalter zu betätigen und würde keine Sekunde zögern, an die Existenz eines Schleudersitzes zu glauben, wenn ein Schalter nur ausreichend rot und gefährlich aussähe. Mit viel Glück trifft man jedoch an der Burger King-Kasse auf einen aufmerksamen Geschichtsstudenten, der im Diner jobbt, und einen gratis Getränkehalter gemeinsam mit der Bestellung aushändigt. Ihm lässt man sogar das „Is a Pepsi ok?" auf die Coke-Order durchgehen.

Eigentlich wollten wir heute bei den Star Wars-Touristen auf der Straße schlafen. Aber irgendwie erreicht uns das Gerücht, dass die Premiere bereits um Mitternacht ist. Es ist auch wieder ein Gästezimmer im Appartementhaus frei, also ziehen wir dort ein. Trotzdem gehen wir noch einmal auf die Straße. Die Schlange vor dem Kino ist inzwischen gut 200 Meter lang. Um den Eindruck meiner Unterhaltungen mit den Menschen in dieser Schlange in eine Statistik zu fassen: Star Wars-Fans sind meist College-Studenten, kosmopolitisch, haben zu 65% philippinischen Ursprung und sind sehr umgänglich. Eines der Mädchen hatte den Vornamen „Stephanie" – von mir erfuhr sie zum ersten Mal, wie sie ihren Namen eigentlich aussprechen sollte. (Du hast dich schick zurecht gemacht mit deiner Calvin Klein-Hose und deiner Joop!-Brille. Der peinliche Duktus der aufstrebenden Mittelschicht quillt dir aus dem Hemdkragen. Ihr lauft dort herum wie die Yuppies, die dicke Kamera auf der Schulter, und belästigt die Leute. – Bleib ruhig, Mann. Es ist völlig okay. Kein Mensch kommt hier auf die Idee, dem etwas Negatives abzugewinnen.)

„Berater"

Ich habe mich verliebt. Wir sind noch mal raus auf die Straße, um den Star Wars-Kollegen Gesellschaft zu leisten. Die Line, an der gecampt wird, ist länger geworden. Wir treffen auf Philippinos, deren 280-Dollar-Lichtschwert mir auffällt. Ich mache ein paar Moves für die Kamera, bevor sich ein Gespräch entwickelt. Tek, der mir zur Rechten sitzt, ist 24 und studiert hier Visual Media, gleich der richtige Mann. Wir rocken ein, zwei Styler über die Art und Weise, wie Filme gemacht werden. Er erzählt von Mattepainting, und Compositing, für das er sich interessiert. Mattepaintings sind gemalte oder am Rechner konstruierte Hintergründe, die im Compositing hinter Schauspieler und Plätze gesetzt werden. Er ist sichtlich überrascht, dass er mich noch nie in Internetforen getroffen hat, obwohl ich Animationsartist bin. Ich sage ihm, dass es eher das Machen ist, das mich interessiert. Am Anfang war die Tat.

Mittlerweile ist eine Stunde vergangen. Tek will mit seinen Kollegen ein Bier oder so trinken gehen, ein anderer, Homer Manila, bringt seine Freundin nach Hause. Blupp sitze ich vor Nina Sevilla. Wow. Sie ist 21 und kommt von den Philippinen, hat eine wundervolle, butterweiche Stimme, die ihre gekonnt angewandte Sprache gerade so leise, dass es zart wirkt, in mein Ohr haucht. Ich checke, dass das Zarte nur vorübergehend ist, sie war noch nicht aufgetaut. Nina hat ihr Studium in International

Politics abgeschlossen. Mit 21. Hammer, und da sagt sie, noch ein Jahr später als geplant. Sie ist auf der Suche nach einem Job, hoffentlich bei den United Nations. Wenn die sie nehmen oder jemand anderes ihr einen festen Job anbietet, bekommt sie ein dauerhaftes Visum. Ihr Vater arbeitet bereits bei den United Nations, darum lebte sie in der Schweiz. Sie musste zwei Sprachen auf einmal lernen, Französisch und Englisch, als ihre Familie dann nach UK ging, und kann meine derzeitige Sprachwurst, die ja nur von ihr induziert wird, verstehen. Sie weiß auch Bescheid, was in der Schweiz legal ist und das man hier nur schlechtes Zeug bekommt und es deshalb lieber bleiben lässt. *„Die strecken es mit jedem Scheiß."* Na ja, und so kommen wir uns näher und näher, ihr Lächeln verkrampft nicht, ist genauso schön wie bei der ersten Antwort. Ich glaube, ich habe rosa Sterne vor den Augen. Ihre Art wirkt unverfälscht und sie hat die gleiche Sicht auf Dinge, gerade aktuelle. *„Ich glaube, ich habe mich verliebt"* sage ich zum Scherz, bevor ich mir kurz vor eins den Schlafsack im Appartement über den Kopf ziehe. Vielleicht ist was dran.

„Produzent" Das war es dann. Ich gebe auf. Erst verendet mein Berater fast bei einem Jazzkonzert. Dann schaffen wir es doch noch, ihn da lebend raus zu holen und nun überkommt ihn die Klassenfahrt-romantik, kurz bevor wir endlich aus diesem Loch verschwin-den können. Ich kann es spüren, der nächste Satz wird sein: *„Mann, Produzent, ich rate dir, noch einen Tag in Washington zu bleiben."* oder *„Wir sollten unbedingt einen Einheimischen mit auf die Tour nehmen, ich kann uns einen besorgen!"* Wie soll ich das meinem Kameramann klar machen? Männer mit Schnauzer ver-lieben sich nicht! Ich werde warten bis die Jungs eingeschlafen sind und ihnen dann die ganze Nacht ins Ohr flüstern: *„Es gibt keine Nina Sevilla!"* bzw. *„Ich werde mir den Schnauzer abrasieren!"*

Es kann losgehen. Nach vier Tagen und gut 1000 Dollar. 1000 verdammten Dollar. Wenn man am finanziellen Limit reist, dann drehen sich viele Entscheidungen eigentlich nur ums Geld. Nehmen wir ein Motel oder schlafen wir im Auto, gehen wir ins Restaurant oder zu Wendys, soll das Auto schnell oder billig repariert werden, kaufen wir Oreos oder Billig-Kekse, setzen wir uns in ein Taxi oder plagen wir uns mit den öffentlichen Verkehrsmitteln rum. Erkauft man sich etwas teuer, so fühlt man sich schlecht dabei, auch wenn die Leistung gut ist. Gibt's was umsonst, dann ist es Klasse, egal wie schlecht es ist. Manchmal kann ich es nicht ertragen, dass ich das Geld so sehr in den Mittelpunkt rücken lasse. Oder vielmehr rücken lassen muss, denn ohne Geld kann ich mir das Reisen in der westlichen Welt kaum vorstellen. Auch wenn ich mal ein paar Nächte im Auto verbringe, mich bereits am Rand der Gesellschaft glaube, weil meine Hände nach Benzin stinken, meine Sachen dreckig sind und ich mich seit ein paar Tagen nicht gewaschen habe, so würde ich mich trotzdem als Tourist bezeichnen, als Tourist, weil sehr viele Entscheidungen vom Preis abhängen, weil Geld unentwegt im Zentrum der Reise steht. Da mache ich mir keine Illusionen. Vielleicht ist es nur möglich, wirklich frei zu reisen, wenn man sich keine Limits setzt. Weder finanzieller noch zeitlicher Art. „Du weißt schon, wie Caine in ‚Kung-Fu'. Von Ort zu Ort gehen, Menschen treffen, Abenteuer erleben." Wobei mir auch klar ist: „Man nennt so jemanden Penner. Und ohne Job, ohne Wohnung, ohne Geld wirst du genau das sein, Mann. Du bist ein verdammter Penner."

Die ersten Cops

Also, was gerade passiert ist, krieg ich ja gar nicht klar. Inzwischen auf dem Weg nach New York, fahren wir über die Highways, beziehungsweise Nebenstraßen, um ein Hotel, Motel oder Campground aufzuruppen. Und finden keinen, beschließen deshalb auf einem Parkplatz, der uns genügend scheint, ne Ratze zu machen, um gleich morgen nach New York zu headen. Ich baue mein Bett, das aus zwei Isomatten, einer Decke und einem Schlafsack besteht, neben dem Wagen. Die anderen beiden werden ultragemütlich in der Karre pennen. *„Also Jungs, zwei Mann können im Wagen schlafen, bzw. da ich sowieso im Wagen schlafen werde, ist eher die Frage: Wer von euch beiden darf noch in meinem Wagen schlafen?"*, tut mein Produzent kund und ohne eine Reaktion abzuwarten, macht er es sich auf der Sitzbank des Wagens bequem. Auf der Stirn unseres Kameramanns steht der kalte Schweiß und mir ist klar, dass ich ihn unmöglich jetzt schon ins tiefe Wasser schmeißen kann, da er noch ein paar gute Bilder liefern muss. Also nutze ich die Gelegenheit, stelle mich als mutigen Burschen heraus und lege mich freiwillig auf die Straße. Schöne Scheiße.

Gerade noch mit Mücken gekämpft und darüber nachgedacht, dass mir irgendein Assi mitten in der Nacht den Schädel zertrümmert, schlafe ich selig ein. Zack. Licht, Aufruhr, ich sehe meinen Produzenten mit irgend jemandem labern. Hinter mir steht ein Auto. Ich erkenne blaue Rallyestreifen oder so was und checke, dass es die Police ist. Mein Produzent erzählt was von Campground und das ist mein Stichwort. Schnell ein zwei Worte mit everything full und sold out gebracht und der Guy ist stillgelegt – dachte ich. Er wirft uns ein deutliches aber geringschätzendes *„hold on"* zu und wir fangen es auf, während er den Rückwärtsgang reinknallt und zu seinem Bullenkollegen rollt, der gerade eintrifft.

Wow, das geht richtig fix hier – kurz auf der Straße gelegen, gleich kümmern sich zwei Staatsbeamte um dich. Ich packe schnell das Zeug zusammen, das auf dem Asphalt liegt, und stopfe es zu den anderen Sachen, zu dem Ersatzrad hinter dem Sitz und zum Kameramann, der bedrieselt den Fond besetzt. Wir sitzen so rum und scherzen noch, dass man ihm eigentlich eine reinziehen müsste, weil er mir am Ende fast über den Kopf gerollt war, da schreit der Typ: *„Hey, come over here!"* Ich haste hin und stelle mich zwischen die beiden Bullenkarren. Der zweite Bullentyp, mit dem ich bis dato nicht geredet hatte, fragt mich, ob ich ihn hinreichend verstehe und dass er mir ein paar Fragen stellen wird.

Mein Produzent ist mittlerweile eingetroffen und meint, dass er weitaus besser englisch versteht als ich und dass er die Fragen beantworten wird. *„Was ist hier los? Seit wann kannst du besser englisch als ich?" „Schon immer, Mann! Vergiss nicht, dass unser Kameramann wie ein Terrorist aussieht, also halt jetzt die Fresse und lass mich das regeln!" „Denk dran, dass ich dein Berater bin – also ich rate dir, dich schleunigst wieder ins Auto zu setzen, sonst liege ich nachher in deinem Schlafsack und du pennst auf der Straße!"* Nach dieser kurzen Diskussion zwischen uns Kollegen werden auch die Bullen locker. O.K. gimme those fuckin' questions, asshole. Here they come. *„What is 2 plus 4?"* – *„6"*. *„What is 4 plus 2?"* – *„6"*. *„What is 5 plus 1?"* – *„6"* ... und endlich: *„Name a vegetable!"* Mein Produzent guckt mich skeptisch an, ich sage *„tomato"* – die Cops lachen kurz und mein Produzent meint *„right, tomato"*. Was ist das hier? Ein Joke? *„From what cartoon is this?"* frage ich und sie erzählen uns, dass das ein Spiel war, das sie auf der Wache ausgekaspert haben, und dass jeder dort *„carrot"* gesagt hat. Und überhaupt: *„eine Tomate wäre eine Frucht und kein Gemüse!"* Was sollte das? Dann noch ein paar Phrasen über unseren Trip und der Frage *„but you guys have girlfriends in Germany?"* Militant heterosexuelle Bullen in den Staaten – ich hätte es wissen müssen. Am Ende lassen sie uns mit den nackten Fakten stehen. *„You're not allowed to sleep on the street!"* Jetzt stehen wir hier. Ich werde im vorderen Fußraum schlafen und mir von meinem Produzenten alle halbe Stunde ins Gesicht treten lassen.

[Fr, 17.5.02]

„Produzent"

Die Batterie ist tot. Für mich ist es glasklar: *„Berater – du bist schuld. Wahrscheinlich hast du die halbe Nacht da unten irgendwelche Schalter betätigt und Kurzschlüsse verursacht. Außerdem habe ich von einem Segeltörn geträumt, sicher hast du ununterbrochen meinen Sitz hoch und runter gefahren, damit ich genau so schlecht schlafe wie* *du!"* Wie dem auch sei, wir haben keine Chance, den Wagen zu starten. Anschieben? Keine Ahnung, kann man Autos mit Automatik-Getriebe anschieben? Kann man zweieinhalb Tonnen anschieben? Wird der Koloss plötzlich anspringen, aufschreien, sich aufbäumen, einen gigantischen Satz nach vorn machen und dabei ca. zwei Dutzend parkende Kleinwagen zerschmettern, bevor ich – wieder bei Bewusstsein – mich mit beiden Füßen auf die Bremse stemmend, den Gewaltausbruch unter Kontrolle bekomme?

Wir versuchen Starthilfe zu bekommen. Dazu muss das Auto aus der hintersten Ecke an eine gut einsehbare Stelle geschoben und unsere Sonnenbrillen und Kopftücher gegen Intellektuellen-Brillen und Rollis ausgetauscht werden. So rechnen wir uns bessere Chancen auf Hilfe aus. Zwei Pick-Ups halten an, können uns aber nicht helfen, da diese auf 24V laufen. Wir halten einige Autos an – keiner will uns helfen. Das wundert mich eigentlich auch nicht – drei junge Männer, ein altes Auto und das Ganze in einer Großstadt-Region. Ich habe das Gefühl, ein Latino würde uns helfen. Oder ein Farbiger. Warum glaube ich, dass uns einer der letzten Einwanderergenerationen hier eher helfen würde als ein alteingesessener Amerikaner? Ich weiß es nicht. Ein junger Inder hilft uns schließlich wortlos.

Ausflug nach Manhattan

Playlist

1. Motörhead – Orgasmatron
2. Motörhead – Ace Of Spades
3. Black Sabbath – Paranoid

„Berater"

Wir fahren durch Jersey. Überall riesen Autobahnen, kleine Abfahrten sind hier Mangelware, alles großspurig im wahrsten Sinne. Im Hintergrund taucht irgendwo die Skyline auf. Hammer, ich sehe zwar nur das Empire State Building und das auch nur im Dunst, aber es ist echt fett. Wir kommen näher und näher. Die Skyline, die ab und zu ins Auge sticht, wenn unser Highway über die anderen führt, wird größer und länger, Büsche und Bäume geben immer mehr Sicht frei. Wir kommen auf einem riesen Parkground direkt am Hudson River an, wollen die Fähre rüber nach New York nehmen. Der Parkfuzzi bringt ein *„Wow, a big car!"* raus und glaubt auch nicht, dass wir durch die Schranke passen. Auf der Fähre wird mir klar, wie gigantisch diese Stadt ist. Ich habe noch keinen Fuß rein gesetzt, aber doch schon ein Feeling.

Auf dem Weg nach Manhattan fällt uns eines dieser überdimensionalen Glaubensbekundungs-Schilder auf: *„Jesus Loves You"*. Es erinnert mich an eine Fahrt durch den Südwesten der USA. Innerhalb von drei Tagen musste ich von der Ost- zur Westküste gelangen, und da ein Flug so kurzfristig nicht immer ganz billig ist, fiel mir nichts besseres ein, als einen Mietwagen zu nehmen. Irgendwann, ich glaube es war in Arizona, nach zwei Tagen und Nächten Interstate, tauchte aus der Dunkelheit am Horizont, direkt vor mir, langsam ein Licht auf. Rollt man tagein, tagaus über eintönige Asphaltdecken, vor den Augen nichts als flackernde Mittelstreifen, immer wiederkehrende Lodging-Hinweise und Fast Food-Ausfahrten, hier mal ein Wald und dort mal ein paar Blechhütten, dann entdeckt man irgendwann sehr eigenartige Dinge, die allerdings wenig später meist wieder dort verschwinden, wo sie herkommen: in der Phantasie des gelangweilten Fahrers. Ich bin mir sicher, dass zwei Drittel aller extraterrestrischen Erscheinungen, von denen in dieser Region ja auffällig oft berichtet wird, entweder auf Trunkenheit oder Übermüdung am Steuer zurückzuführen sind.

Dieses Licht am Horizont blieb jedoch bestehen und ich erfreute mich einige Zeit an der merkwürdigen Abwechslung. Mehr und mehr formte sich ein Kreuz aus dem Lichtspot und noch lange bevor ich das Dorf erkennen konnte, wurde mir klar, hier prunkt ein monumentales, taghelles Kruzifix in der nächtlichen Landschaft. Es war einer der Momente, in denen ich unvermittelt ein völlig überzeugtes *„Diese Amis sind nicht ganz dicht!"* ausstieß, sie aber im selben Moment wieder als liebenswerte Spinner ins Herz schloss und feststellte, dass es das ist, was ich anderswo hin und wieder vermisse: verrückte Erscheinungen.

Einigen Leuten stellte ich in Washington die Frage: *„Was würdet ihr in New York machen, wenn ihr nur einen Tag Zeit hättet?"* Normalerweise gibt es zwar auf wirklich wichtige Fragen generell keine hilfreichen Antworten, aber hätte ich nicht gefragt, dann hätten sich spätestens ab Chicago alle Gesprächspartner gewundert: *„Was, ihr wart nicht im XY, Manhattans Geheimtipp überhaupt?"* Es gab darauf keine Antwort. Einen Rat bekamen wir jedoch immer wieder: *„Don't drive your car in Manhattan!"* Also parken wir in Jersey und nehmen eine Fähre. Ich kann das Flair Big Apples ahnen, aber wirklich aufnehmen kann ich es nicht – und das, obwohl wir uns fast 8 Stunden Zeit für die zweitgrößte Stadt der Welt nehmen. Für die größte Stadt, Tokyo, hatte ich mir vor Jahren immerhin zwölf Stunden gelassen (und davon fünf Stunden vor dem Hauptbahnhof geschlafen). Wenn ich mir eine Minute gebe, um ein paar Eindrücke zu reflektieren: rechtlose Fußgänger, volle U-Bahnen, Ticketverkauf für Ground Zero-Sightseeing, Handys, Business-Leute, Straßenschluchten, überproportional viele schöne Frauen und eine Verkehrsdichte, die auch nicht viel schlimmer ist als anderswo.

Am Ground Zero gibt's nicht mehr viel zu sehen – wie auch. Alles ist abgesperrt, die Amerikaner haben es echt raus, aus allem Geld zu scheffeln. Die haben eine Bühne aufgebaut, von der man in das ringsherum abgeschottete Grab von Tausenden sehen kann. Allerdings muss man dafür sechs Blocks laufen und sich ein Ticket holen. Ohne jede Frage ist es bestürzend hier. Ich habe mich dabei ertappt, wie ich ein Bild, das in Plaste eingeschweißt ist, anfasse und in Gedanken darüber versinke, ob ein Vater des Kindes dabei war, das einen der lächelnden Köpfe darauf gemalt hat. Die Bilder, Andenken oder Unterschriften sieht man hier zu Tausenden an den Holzwänden. Ein ganzes

Hochhaus ist in schwarze Gaze eingehüllt, weil es einzustürzen droht. Ein Skyscraper wird von oben her abgebaut.

Wir laufen die 34th Street hoch, die Straße, an der das Empire State Building in die Höhe gestemmt wurde. Auf der Straße herrscht mit jedem weiteren Block regeres Treiben. Mehr Menschen mit noch mehr Handys. Bessere Klamotten, abgespaceteres Gehabe. In New York sind die Bilder von Pennern, die voll gepackte Einkaufswagen mit Plastikplane darüber durch die Straßen schieben, real. Sie sind real! Nicht dass mich das schockt, weil es in Deutschland keine Armen gibt, aber hierzulande scheint man, wie bei allem, den Prototypen für Penner herzustellen, langer Mantel, von der Sonne geledert Haut, unrasiert mit Hut und besagtem Wagen.

Wir erreichen das Empire State Building. Alter, gerade noch über uns, ist es in der Perspektive verschwunden. Achtung Leute, wir gehen rein. Fast normales Checken der Ausrüstung. Wir kommen der Wahnsinnsaussicht näher, yeah. Stopp: Anstehen, eine verdammte halbe Stunde, um Tickets zu kriegen. Die lassen sich echt gehen, jetzt, wo sie die Größten sind. Riesen Warteschlange. Nach dreißig Minuten das Ticket in der Rechten, peitschen wir zum Fahrstuhl und verlaufen uns, weil der Gang aussieht, als ginge es da zum Klo. Um die Ecke gerockt bin ich fast hingefallen, als mir die nächste Schlange den Durchlauf versperrt. Weitere 35 Minuten in einem Gang wie beim Arbeitsamt. Von oben verquirlen Ventilatoren die ätzend schlechte Luft. Wir amüsieren uns und ich starre mit meinem Produzenten auf die Titten der anstehenden Frauen in der gegenüberliegenden Reihe. Zur Empörung unseres Kameramanns.

Wir sind endlich am Fahrstuhl und dann auch bald darin. Die

Anzeige zählt in Zehnerschritten und wir haben schon bald den Achtzigsten erreicht, als ich meine Kamera zücke, um das aufzunehmen. Der Ausblick ist fein, echt richtig, richtig ein Ausblick. Das Empire State Building sollte als Wort für Ausblick im Duden stehen, so geil ist das hier.

Die Hochhäuser von Manhattan sehen aus, als ob ein Götterkind hier einen ganzen Nachmittag mit Lego verbracht hat und so talentiert war, dass es keinen Turm beim Aufbau umgeschubst hat. Neben diesen Kloppern ist die ganze Stadt einfach fies. Man kann sich das wie einen Wüstenboden vorstellen, der mit Rissen, und das sind hier die Straßen, durchzogen ist. Ringsherum nur Zwanzigstöcker, oder dreißig oder mehr. Nach einer halben Stunde wollen wir umkehren, und während wir auf der Sohle drehen, stehen wir schon wieder an der Schlange, die auch nach unten will.

Auf dem Rückweg geht gar nichts mehr. Die Kartencomputer in der Metro sind ausgefallen, die Drehtore zu den Zügen sind defekt. In der Luft liegt Staub und ich muss ständig husten. Mein Produzent ist sich absolut sicher, dass wir gerade Zeugen eines terroristisch motivierten Giftgasangriffs werden und das öffentliche Leben in Amerika in diesen Sekunden lahmgelegt wird. Wir laufen zur nächsten Station. Dort in den Zug eingestiegen merke ich, was Rush Hour in New York bedeutet. Meinem Produzent ist irgendwie schlecht, kann von der Pizza sein, die er sich vorhin schnell eingefahren hat, oder von seiner Giftgastheorie. Zurück zur Fähre. Es ist halb sechs. Auf der Fahrt über den Hudson sehe ich noch mal das grinsende Gesicht der vibrierenden Konsum- und Geldwelt.

Auf der Weiterfahrt fällt meinem Produzent ein, auf den Tank zu sehen. Mit dem typischen Klopfen auf die Tankanzeige, die dann fünf Sekunden lang verrät, wie voll der ist, stellt er fest, dass entweder die Anzeige nun völlig im Arsch ist oder wir es sind. Der Zeiger rührt sich kein Stück. In Amiland kann man eigentlich von Tankstelle zu Tankstelle laufen, aber hier ist weit und breit keine. Nicht die nächsten fünf Meilen und auch nicht die nächsten zehn. Auf einmal, nicht unerwartet, aber doch sehr erschreckend, fällt alles aus: die Servolenkung, die Bremsen, mein Kiefermuskel. Links drei Lanes voll Autos, rechts eine. Hinter uns kommt ein Pickup auf der rechten Spur. Mein Produzent hängt mit Manneskraft am Lenkrad und versucht, zweieinhalb Tonnen zu halten. Ich bedeute der Frau im Pickup, uns rein zu lassen. Sie bremst heftig, mein Produzent schert aus und tritt auf die Bremse, wie ein Mann. Die Kiste verzögert gemächlich.

Wir kommen an einer Auffahrt zu stehen. Im Kofferraum ist ein Benzinkanister. Jetzt heißt's so schnell zu handeln, dass uns keine Cops aufmischen und uns kein Vierzigtonner hinten drauf raucht. Er rennt nach hinten, ich soll die Motorraumklappe öffnen und unser Kameramann soll filmen. Er betankt den Caddy, sagt mir, ich soll den Luftfilter öffnen und verteilt dann den Rest aus dem Kanister im Luftfiltergehäuse. Das erste Starten ist erfolglos, das zweite auch. Die Batterie macht maximal noch einen Start mit. *„Lass ihn aus, ein paar Sekunden"* – wir waren Moped-Fahrer, wissen nicht wie es funktioniert, aber wie es geht. Die Karre springt an.

Wir fahren bis es Nacht wird und pennen in einer Rest Area. Es hat schon seit einer Stunde geregnet. Wir legen das Ersatzrad aus dem Fond in die kaputte Heckscheibe und schließen den Rest mit einer Decke. Heute darf ich hinten schlafen und der Herr Produzent wird erleben, wie es ist, in einem Loch zu pennen, das gerade Platz zum atmen lässt. Unser Kameramann ist noch mal mit einem blauen Auge davongekommen, was das Schlafen im Caddy angeht.

Ich schlafe diesmal im Fußraum. Im Fußraum! Jetzt wird mir erst mal klar, was mein Berater da letzte Nacht durchgemacht hat. Ich wache mehrmals mit Schweißperlen auf der Stirn auf, muss kräftig durchatmen und mich hinkauern, um wenigstens die Beine mal auszustrecken. Immer kurz bevor mich Platzangst überkommt, versuche ich mich mit anderen Gedanken abzulenken. Es drängt sich mir dieses fade Bild der schwingenden Hüfte einer Stripperin auf. Nicht im geringsten pervers, nicht animalisch. Einfach nur eine schwingende Hüfte. Ich glaube sie ist nicht mal nackt. Ist das ein neuer Fetisch? Zurück zur Ästhetik? Wiedererwacht in der Fantasie, unter Bondage-Bedingungen? Was es auch ist, es bringt mich durch die Nacht.

Der Route 66 entgegen

Playlist

1. Pink Floyd – Dogs
2. Pink Floyd – Fat Old Sun

[Sa, 18.5.02]

„Bist du wahnsinnig!" schreie ich meinen Kameramann an, als er seine Wasserflasche ansetzt. *„Das ist destilliertes Wasser, Mann!"* *„Das weiß ich doch nicht! Das habt ihr mir mitgebracht!"*, sagt er verunsichert. *„Davon gehst du jämmerlich vor die Hunde!"*, versichere ich ihm. *„Das Zeug trinke ich jetzt schon seit Tagen!"* erwidert er. Ich blicke mich zu meinem Berater um und versuche ein hämisches Grinsen in seinem Gesicht auszumachen. Aber der döst völlig unbeteiligt vor sich hin. Es war also kein Versuch

meines Beraters, seine Gewinnspanne auf Kosten unseres Kameramanns zu erhöhen. Ich schaue unseren Kameramann etwas genauer an und kann keine Veränderungen feststellen. *„Naja, vielleicht ist es doch nicht so gefährlich"*, stammle ich und bin mir nicht mehr so sicher, ob die Geschichte vom Tod durch destilliertes Wasser nicht nur eine Legende ist.

Wir sind auf dem Weg nach Chicago. Das Wetter wird besser. Ich habe das Gefühl, wir fahren durch ein deutsches Mittelgebirge. Die Nebelschwaden steigen aus den feuchten Wäldern, der Himmel reißt immer wieder auf und Sekunden später fahren wir in eine Regenwolke. Es fühlt sich gut an. Wir halten an einem Burger-Laden, frühstücken, schreiben an unserem Text und laden den Notebookakku auf. Auf die Frage, wo ich denn hier eine Steckdose finden würde, wird von einer Angestellten bereitwillig eines dieser weltweit standardisierten McDonald's-Möbelstücke beiseite geschoben.

Das erinnert mich an einen Morgen in Deutschland. Gelegentlich arbeite ich mit dem Notebook in Cafés. Mit der Zeit gibt es zusehends weniger dieser *„du dekadenter Yuppie"*-Blicke von Germanistik-Studenten im 14. Semester. Es ist noch gar nicht lange her, da saß ich in einem Burger King in Halle/Saale. Es war noch zu früh – die Cafés geschlossen. Nachdem ich meinen Muffin verspeist hatte und mich dem Notebook zuwandte, wurde ich von einer Angestellten freundlich, aber mit einer unerträglichen Engstirnigkeit darauf hingewiesen, dass ich mich hätte erkundigen sollen, ob ich die Steckdose nutzen darf, die unter meinem Tisch installiert war. Ich machte ihr klar, dass allein die Beleuchtung das tausendfache verbraucht und wenn ich die Tür nachher beim Gehen ca. zwei Sekunden schneller schließen würde, hätte der Laden meinen Laptop-Strom wieder an Wärme gespart. Keine Einsicht. Ich blieb der unverschämte Energieschmarotzer. Und das in einer Stadt mit einer viertel Million Einwohner. Absolut undenkbar bei den Amis.

Es regnet immer noch. Uns begleitet seit gestern Abend ein Klacken, das von Zeit zu Zeit auftritt, nur für Sekunden, aber schon ganz schön heftig. Mein Produzent bemerkt, dass die Bremskraft nachlässt. Egal, ein wenig pumpen, dann geht das. Wir stoppen an einer Provinztanke, die ausschließlich mit Hillbillies besetzt ist. Luft auf die Reifen und Sprit in den Tank. Ich mache meine ersten Erfahrungen am Steuer des Caddy. Das Schiff schwimmt. Das Lenkrad hat Spiel, sehr viel Spiel. Es ist schwierig, ihn auf der Straße zu halten oder ich muss mich von dem Gedanken verabschieden, das Lenkrad in einer Position zu belassen, um geradeaus zu fahren.

Die Bremse wird immer schlechter. Unser Kameramann bemerkt, dass er heute noch nichts auf Band habe, weil bisher nichts passiert ist. Wir glauben jetzt, dass das Klacken von den Zierleisten kommt, die um das Auto herum angebracht sind. An der nächsten Raststelle kleben wir die Stellen ab, die so locker sind, dass der Wind sie hätte wegbiegen können. Keine Chance – das Klacken bleibt. Die Bremsen bleiben auch schlecht und mich plagt der Gedanke, dass es am Rad liegt – aber das Klacken? Mein Produzent hatte kurzzeitig das Fenster unten und von vorne verdächtige Geräusche gehört. Eine Tankstelle weiter gehe ich kurz den Kaffee wegbringen. Als ich wieder rauskomme, ist der Caddy schon aufgebockt und mein Produzent bedeutet mir, dass die rechte Vorderbremse höllisch im Arsch ist. Zwei Bolzen, die die Bremsbacken in der Position halten sollen, sind desertiert. *„Das Teil hat am Rad geschliffen und ist bei jeder Bodenwelle auf die Bremsscheibe gedonnert"*, stellt mein Produzent fest. *„Statt des Bolzens könnten wir einen Kuli dazwischen schieben!"*, rate ich ihm. Unser Kameramann freut sich über die Gelegenheit seinen Job zu tun und dokumentiert das Elend. Auf der Karte liegt direkt neben uns Cleveland. *„Dieser Baseball-Film: Die Indianer von Cleveland – witziger Film! Hat einer von euch in dem Film eine Autowerkstatt gesehen?"* fragt mein Produzent und wir fahren erst mal ohne Bolzen weiter.

Also runter vom Highway, Richtung Cleveland. Es ist zehn vor sechs, als wir bei Mister *„ich-sucke-am-meisten"* Mueller eintreffen. Genauer stehen wir hier bei Mueller Tire, 16620 Royalton Road, und der will uns nicht helfen, weil sie eh gleich zu machen. Wir hätten hier nicht mal die Bolzen gebraucht, nur ein Ventil für den Ersatzreifen und den hätten wir ihm sogar reingerollt. Er will uns zu seinem Bruder abwimmeln, aber der macht auch um sechs zu. Direkt über die Straße ist ein weiterer Auto-repair-service. Mit jetzt wirklich lautem Knarren und Schranzen rollen wir über die vier Spuren. Hinter der Kasse steht eine durchtrainierte, das heißt in meiner Sprache anabolikagedopte, unter Jungen aufgewachsene junge Frau. Selbst mein Produzent hätte keinen Stich gesehen, wenn sie das Kreuz verglichen hätten. Die erklärt uns, dass sie ebenfalls keine Bolzen hat, will aber die Reifen durchchecken. Den ersten befummelt sie nur kurz und meint dann, dass der Stahlgürtel gebrochen und an einer Stelle völlig verschoben ist. Mit dem Reifen würde sie nicht mehr fahren. Den Ersatzreifen, den wir auch vorne rechts drauf haben, beäugt sie und findet auch gleich eine Stelle, die sie auf die Idee bringt, uns zwei neue andrehen zu können.

Jede weitere Meile birgt das Risiko, dass sich etwas verkeilt und wir gar nicht mehr von der Stelle kommen. Über unseren Köpfen schwebt schon der AAA und zwei weitere tatenlose Tage im Nirgendwo. Noch mal, es ist Sonnabend Abend. Während der ganzen Schose sitze ich meistens im Auto und schreibe an dieser Story. Mein Produzent steuert den Wagen und rechnet jederzeit damit, dass uns eine verkeilte Bremse in den Straßengraben schickt, was unser Kameramann dann unbedingt auf Band haben soll. Der Laden, an den wir uns dann schleppen, sollte wie der Himmel für Autofreaks sein. Produzent und Kameramann stürzen nur kurz rein und kommen auch gleich mit einer Plastiktüte in der Hand wieder raus. Wow, sie haben's gerissen. Der Typ an der Kasse hat nur kurz im Computer geschaut und auch gleich das richtige Teil für einen 74' Cadillac Eldorado Convertible im Regal neben der Kasse liegen gehabt. Kurz entschlossen parken wir den Caddy noch mal quer vor dem Eingang, damit wenigstens der, der filmt, nicht im Regen steht und entfernen den Reifen. Die eine Bremsbacke ist inzwischen so weit aus ihrer Verankerung gerissen, dass sie beinahe rausfällt. Sie hat die krassen Geräusche verursacht. Beim Versuch, die beiden Backen wieder an die Stelle zu schieben, kommt es uns fast hoch, als wir sehen, dass der Bremszylinder rausgekommen ist und auf keinen unserer Pressversuche reagiert. *„Scheiße, Mann! Wir könnten mit der verdammten Handbremse weiterfahren, wenn die nicht auch im Arsch wäre. Erbärmliche Dreckskiste!"* flucht mir mein Produzent ins Ohr, als ich neben ihm kauere, um ihm beim Reindrücken des Zylinders zu helfen. Noch bevor ich mitfluchen kann ermahnt uns unser Kameramann: *„Keine Kraftausdrücke, bitte!"*

Der Mechaniker kommt in die Szene. Er stößt zum Auto, das keine zwei Meter vom Eingang aufgebockt ist. *„You guys gonna cause us some trouble. Move on!"* Wir erklären ihm unser Problem und dass wir das mit dem Bremszylinder nicht hinbiegen können. *„I show you the thing you need"* – ihm liegt offensichtlich viel daran, dass wir von seinem Parkplatz verschwinden und die zahlende Kundschaft nicht zu lange mit unserem Anblick vergraulen. Die Karre ist inzwischen, na sagen wir mal, kein Ausstellungsstück mehr. Vom Regen verdreckt, von den Vögeln beschissen, statt der Heckscheibe hängt im Verdeck eine alte Decke und wenn man die Türen auf macht, dann quillt der Müll aus dem Wagen. Der Mechaniker holt eine Schraubzwinge, meint kurz, dass unsere Bremsbacken im Arsch sind, und bringt den Bremszylinder in seine Position. Glücklicherweise haben sich im Kofferraum der Karre noch Bremsbacken gefunden. Keiner wusste vorher woher noch wofür. „John" steht auf seinem Auto Zone-T-Shirt, wir alle preisen ihn hiermit. Er zeigt uns dann noch, dass uns zwei Metallzylinder fehlen, in die die Bolzen rein müssen. Wir kaufen auch die und die Karre ist für 9 Dollar wieder funktionstüchtig. In Deutschland hätte ich einen Tag frei nehmen müssen, und am Sonnabend wäre bis Montag gar nichts mehr gegangen. God Bless America und seine Öffnungszeiten.

Der Wagen fährt wieder und wir sind inzwischen in einem Motel, bei dem das t vom Mo el nicht geht. Das lang gezogene Haus liegt im diesigen Dunkel. Der Motelbetreiber geht kurz ins Office. Beim Aufschließen geht auf dem Dach ein lieblos angebrachtes Licht lange flackernd an. Ein Zug fährt in der Ferne vorbei und pfeift öfter als nötig. Bei einer Zigarette vor dem Caddy finde ich heraus, dass ich wirklich in Amerika bin.

[So, 19.5.02]

„Produzent"

Während eines Road Trips durch die USA gibt es nichts großartigeres als die allabendliche Suche nach einem Motel. Etwa eine Stunde vor dem Einkehren beginnt man damit, auf Schilder, Leuchtreklamen oder Gebäude mit der typischen Motel-Form zu achten, die man zu allen anderen Tageszeiten nicht mal wahrnimmt. Je billiger der Reklame-Look oder je schäbiger die Fassade, desto besser. Ich persönlich bevorzuge privat geführte Motels, die leider, zumindest entlang der Interstates, inzwischen

fast vollständig von den Ketten verdrängt wurden. Mit der Zeit bekommt man jedoch ein Gefühl dafür, wo man diese originellen Privatmotels findet. Ich fahre dann einfach an irgendeiner Abfahrt Richtung Hinterland und lande in der Regel irgendwann vor einem Motel.

In einem der abgelegensten Motels von Texas habe ich 1999 einmal das schönste Weihnachten verbracht, an das ich mich erinnern kann. Es war so abgelegen, dass man uns auf die Frage nach dem nächsten Kino antwortete: *„fahrt Richtung Norden, ca. sechs Stunden"*. Ich reiste mit einer Freundin auf dem Motorrad durch die Südstaaten, als über Texas plötzlich eine Kaltfront hereinbrach. Völlig erfroren und unfähig, noch einen einzigen Meter zu fahren, hätten wir jedes Zimmer genommen. Umso unglaublicher war die Atmosphäre, die dieser Ort ausstrahlte. Zum einen war dort dieses kolossale King Size Bett, auf das wir uns schon seit acht Stunden Fahrt über vereiste, nicht enden wollende Straßen freuten. Und zum anderen hatten wir uns mit Unmengen von Junk Food ausgestattet, um unsere schmerzenden Gliedmaßen aufzutauen, bei kultigen Weihnachtsklassikern im Fernsehen und Subway-Burgern im Magen. Und wenn wir die schwere Holztür einen Spalt öffneten, nur um uns noch einmal davon zu überzeugen, wie toll es uns doch hier drinnen geht, dann konnten wir im Laternenlicht über der einsamen, feuchten Straße das Motel-Schild durch den Nebel scheinen sehen.

Motels sind alle nach dem selben Prinzip aufgebaut: ein oder zweigeschossig, eine dicke Tür und, meist links daneben, ein Fenster. Direkt unter dem Fenster ist die Klimaanlage installiert, die in der Regel so unerträglich laut ist, dass man nur besoffen, mit Ohropax oder überhaupt nicht schlafen kann, weil man vergessen hat, nach einem Nichtraucher-Zimmer zu fragen und sich das Fenster nicht öffnen lässt. Hat man ausgelost, wer der Dumme ist, der vorne schlafen muss und somit die ganze Nacht von der Klimaanlage brutal angeblasen wird, dann nimmt man die Fernbedienung, prüft die Kanäle: *„Toll! HBO!"* oder *„Wo ist der Weather Channel?"* und schaut sich schließlich das Bad an. Hier steht fast immer eine Badewanne. Auch in den billigsten Motels, obwohl dort niemand auf die Idee kommen würde, sich bei einem Glas Rotwein und einem gutem Buch in die schäbige, vergilbte Wanne zu legen, um den in Fetzen von den letzten zwei Ringen herunterhängenden Duschvorhang im Kerzenlicht zu bewundern.

Eigentlich sind sie alle gleich, aber jedes Motel hat eine individuelle Note. Und während man in die Dämmerung hinein fährt, fragt man sich schon, ob man heute Abend wieder über einen dicken, roten Plüschteppich laufen wird und ob die Zimmerantenne des festgeschraubten Fernsehers diesmal nicht mitten im Finale der NBA Playoffs vom Schrank stürzt. Trotz solcher Überraschungen gibt es jedoch stets zwei Konstanten: der Abstand zwischen dem Bett und dem parkenden Auto beträgt maximal drei Meter. Und im Nachtschrank ist immer eine Bibel. Ich habe in unzähligen amerikanischen Motels genächtigt, und nicht einmal in dem schäbigsten Stundenmotel im Armenviertel Houstons, in dem der Teppich rund um den Fernseher mit den Hinterlassenschaften wichsender Truckerfahrer verziert war, musste ich auf eine Bibel verzichten.

[Mo, 20.5.02]

Heute morgen scheiterten die Startversuche wieder an der schwächelnden Batterie. Wir stehen vor dem Motel und der Wagen macht sechs oder sieben Startversuche mit, bis nur noch ein müdes Klacken zu hören ist. Der Motelbesitzer könnte uns helfen, schließlich kennen sich viele Amerikaner ganz gut mit der Technik ihrer Autos aus. Er kam ursprünglich als Tourist aus Südafrika, nun hat er seit Jahren sein „Small Business" hier laufen – eine Geschichte, die man immer wieder hört. Ich bin nun froh, dass wir nicht im vielleicht etwas billigeren, aber hundertprozentig anonymen Days Inn auf der anderen Seite des Highways abgestiegen sind. Dort hätte uns ein junger, ehrgeiziger aber völlig unterbezahlter und überarbeiteter Inder mit starkem Akzent ein *„I can't help you, you have to call the AAA"* entgegengestammelt.

Der Motelbesitzer holt seinen Wagen und gibt uns Starthilfe – nichts passiert. Heute ist Sonntag. Offene Werkstatt auftreiben, Abschleppwagen rufen, Ersatzteile besorgen – einen weiteren Tag keinen Meter näher an die 66 kommen. Moment! *„Do you have enough gas in the car?"* Benzin? Wann haben wir eigentlich das letzte Mal getankt? Das war bei den Hippies gestern Mittag. Alles klar. Soll ich ihm jetzt Trinkgeld geben, dafür dass er uns so bereitwillig geholfen hat? Und wieviel? Ich versuche ihm fünf Dollar zu geben, aber er schlägt es aus. Das Motelzimmer ist ziemlich verwüstet, der „Fear and Loathing" – Spirit schien das zu legitimieren. Und da ist er wieder, dieser riesige Spiegel vor mir, in dem ich mich in meiner ganzen Einfältigkeit sehen kann. Denn das Motel hat nun plötzlich ein menschliches Gesicht bekommen.

„Berater"

An einer Tankstelle begegnet uns ein Typ, der wahrscheinlich durch unser Gerede und das Rumhanteln mit der Kamera feststellt, dass wir aus Deutschland sind. Er fragt nach, wann wir zurück wollen, denn er will das Auto kaufen. Er erzählt uns, dass er auch mal so eins hatte, und macht dazu Bewegungen, als ob er betrunken hinterm Steuer sitzt. Nein, er macht ganz andere Bewegungen. Er kneift die Augen zu. Wankt in eine Chillo-Lenkrad-Holding-Position, und formt mit der anderen Hand eine Silhouette, in die perfekt ein kleiner Sticky reinpassen würde. Er meint noch *„You know, back in the days."* Ich spreche ihn darauf an. Er bestätigt meine Vermutung und nimmt das Wort *„Joint"* ganz kurz in den Mund, lässt es dann aber offen, und schwenkt, so wie ich es aus Deutschland kenne, auf legale Drogen, und speziell das Bier, um. Er mag deutsches Bier, vor allem schwarzes, und das kalt. Er fragt uns, ob wir sometimes over pullen, *„pull over"* heißt wohl sich völlig zu zukippen, und er gibt uns den Rat, das nicht hier zu tun, weil wir dann straight ins Jail wandern, ohne Los und 4000 Öre. Wir können ihn beruhigen und sein don't drive drunk verhallt im Wind, als wir davonfahren.

„Produzent"

Ich sehe einen Anhalter am Straßenrand stehen und mit dem Daumen winken. *„Laßt uns den mitnehmen!"* rufe ich und steuere den Wagen auf ihn zu. *„Wo soll der denn bitte Platz nehmen?"* quengelt mein Kameramann, und obwohl in der Karre problemlos acht Leute Platz hätten, kann ich tatsächlich keine Lücke mehr ausmachen. Alle erdenklichen Löcher sind mit teurer Technik, vergammeltem Fast Food und schmierigen Ölflaschen vollgestopft. *„Einer geht immer noch rein!"*, sage ich und denke: *„Mein Platz ist sicher, ich sitze hinterm Steuer!"*, und dabei sehe ich den Typ schon bei meinem Kameramann auf dem Schoß sitzen. Kaum habe ich ausgedacht, da nimmt der Kerl Anlauf und will in unseren Wagen springen, genau dort hin, wo, unter Decken begraben, 10.000 Euro an Technik herumliegen. *„Nein, Mann!"* schreien wir gleichzeitig auf ihn ein, das ist das erste Mal, dass wir spontan einer Meinung sind, und mein Kameramann sieht aus, als würde er mir für alle Zeiten den Führerschein entziehen wollen. *„Präzisionswaffen, empfindliche Drogen oder menschliche Organe – das schmuggeln diese Typen unter der Decke"* denkt der Tramper, ich kann es in seinen Augen sehen. Also doch auf die Vorderbank des Wagens setzen und meinem Kameramann auf die Pelle rücken. Beim Losschießen dränge ich fast einen Hyundai voller Touristen von der Straße, die zeigen mir einen Vogel und ich grinse so dumm, dass sie denken müssen, ich hätte eine ganze Haschplantage geraucht. Für meinen Kameramann ist der Tag gelaufen, mein Berater zieht dem Anhalter bereits intimste Details aus der Nase und ich amüsiere mich über den Vorfall.

Bei einer bestimmten Generation von Amerikanern stelle ich immer wieder fest, dass wir mit unserer Erscheinung einige Erinnerungen aufleben lassen. *„What year is that thing?"* – kein Tag vergeht, an dem wir nicht nach dem Alter des Autos gefragt werden. *„It's a 74."* Und *„Back in the days ..."* sagen sie dann, wenn wir ins Gespräch kommen. Das *„THE days"* macht klar, es geht hier nicht um irgendwelche Tage. Wer nicht sogar persönlich zur Vermehrung der nächsten Generation bibeltreuer Patrioten auf dem Rücksitz von Daddys Straßenkreuzer beitrug, der wird beim Anblick eines der „last American convertibles" zumindest an Hollywoods Bild der Siebziger Jahre erinnert.

Sogar für mich sind das fast heimatliche Gefühle. Obwohl ich erst Ende der Siebziger geboren wurde und dies zudem unter der Obhut des ideologischen Erzfeindes.

Ein ganz anderes Bild gibt diese Art Auto in Deutschland ab. Abgesehen von einer Hand voll wirklich cooler Typen, die alte amerikanische Straßenkreuzer fahren, sind es meistens kleinbürgerliche Familienväter, die zu ihrem Mittelklassefamilienwagen einen Cadillac gesellen. Mit diesem klappern sie dann sämtliche „US Car-Treffen" ab, bei dem der Schwager vom Veranstalter mit seiner Hinterweltband unerträgliche Countrymusik aus den Boxen lallen lässt. Zwischen mit US-Stickern bis zur Unkenntlichkeit vollgeklebten Chevy-Vans spielen Kinder an den mit Sissibar, Ledersatteltaschen und Fransenlenker noch mehr entstellten 250er Viragos ihrer Väter. Zu einer Harley reichte das Geld nicht mehr, da der letzte Florida-Urlaub teurer wurde als geplant, und woher der US-Fetisch kommt, können die Betroffenen auch nicht recht erklären.

Auf der Suche nach einem Internetcafe fällt uns der Rat Joes ein. Er nutzte auf seinen Reisen oft eine öffentliche Bibliothek, um ins Netz zu gehen. Und das ist bemerkenswert einfach: Man fahre an die erstbeste Tankstelle, frage nach der „Library" und lasse sich den Weg weisen. Und während man fest davon überzeugt ist, Amerikaner würden prinzipiell keine Bücher lesen, so wird einem nahezu jeder Tankwart die Route haargenau beschreiben können. Das sollte man mal in Deutschland versuchen. Allerdings könnte das auch daran liegen, dass es in vielen US-Kleinstädten außer der Kirche und der Bibliothek keine nennenswerten Gebäude gibt. Dafür finden sich diese auch in den kleinsten Städtchen. Dass dies so ist, ist übrigens auch ein Verdienst des im 19. Jahrhundert immigrierten Schotten Andrew Carnegie. Der Stahlbaron war der Meinung, dass ein Mann, der reich stirbt, dies in Ungnade tut. Also begann er 1886 damit, seine Multimillionen Dollar für die Errichtung von öffentlichen Bibliotheken zur Verfügung zu stellen – über 1400 Gemeinden nahmen dankend an. Wir auch.

Kapitel 3

Playlist

1. Nat King Cole – Route 66
2. Peggy Lee – It's a Good Day
3. Nancy Sinatra – These Boots are Made for Walking
4. Gerry & The Pacemakers – Ferry Across the Mersey
5. Johnny Cash – Personal Jesus
6. Johnny Cash – Hurt
7. Røyksopp – In Space
8. Røyksopp – Poor Leno

Die Mother Road

„Produzent"

Route 66! Es ist spät am Abend, die Sonne verschwindet feuerrot hinter einer Silhouette von schiefen Telegraphenmasten und
leer stehenden Holzhütten. Aus unserem Radio dröhnt blechern
Countrymusik. Ab und an sehen wir ein „Historic Route 66"-
Schild vorbeifliegen, während wir wortlos in den riesigen Leder-
sitzen verschwinden und uns die ergreifende Stimmung durch
den Körper strömt. Es ist einer dieser vergänglichen und ein-
maligen Momente, die man nicht verewigen kann und auch
nicht verewigen will. Manchmal finde ich alle Bilder, die ich aus
Roadmovies, Rock & Roll und vom Hörensagen kenne, scham-
los bestätigt. Mir kommt dann alles ungeheuer vertraut vor, wie
eine zweites Zuhause, mit Elvis als Mitbewohner in einem Haus
von Spielberg und dem Caddy in der Garage.

Woher kommt eigentlich der Mythos Route 66? Im Grunde ist es
eine beliebige Straße, die irgendwo im kalten, verregneten Chicago beginnt und drei Zeitzonen, acht Bundesstaaten und knapp
2.500 Meilen später an einem sonnigen Pazifikstrand in Los Angeles endet. Das wäre ja schon was, es war aber einmal weit mehr
als das. 1926 ins Leben gerufen und elf Jahre später komplett
ausgebaut war sie lange Zeit die Hauptstraße in den Westen.

John Steinbeck erzählte in seinem Roman „The Grapes of Wrath"
von einer einfachen Familie, die Oklahoma verließ, um im ge-
lobten Land ein neues Leben zu beginnen. Noch bevor Steinbeck gut 20 Jahre später den Literatur-Nobelpreis erhielt, hatte
er die Route 66 damit bereits unsterblich gemacht und die Be-
zeichnung „The Mother Road" geprägt. Es folgten Lieder, Maga-
zine, sogar eine TV-Serie. Alle gaben sich dem Mythos der einen
Straße hin – „The Main Street of America", „The Will Rogers
Highway" oder einfach: „Americas Highway". Heute gibt es
keinen Artikel, der noch nicht mit einem „66"- Symbol versehen
worden wäre: Bettwäsche, After Shaves, Kaffeetassen, Feuer-
zeuge und Unterhosen. Selbst „Root 66"-Malzbier durfte ich
schon trinken. Der moderne Route 66 -Tourist kauft alles, vor
allem aber kauft er ein Stück amerikanische Lebensphilosophie,
die tausende Siedler mit dieser Straße verbunden haben: die Ge-
wissheit, dass die Hoffnung zuletzt stirbt.

Fast jedes Motel bietet einen AAA-Discount an, wobei es dabei eigentlich nicht um die Mitgliedschaft in diesem Autoclub geht, sondern der Slogan *„Do you have a triple A discount?"* vielmehr ein Verhandlungsritual ist. Wann immer man also in einem Motel nach dem Preis fragt, sollte man diesen Satz gemeinsam mit einem skeptischen Kopfwackeln anbringen, nachdem der Standard-Preis genannt wurde. Ich musste noch nie tatsächlich eine AAA-Card zeigen.

„Berater"

Es gibt mal wieder ein Geräusch. Zwei Stunden hören wir uns kommentarlos das bedrohliche Klopfen an und mein Produzent und unser Kameramann tun gerade so, als ob es so sein müsste, als ob das normale Geräusche eines Autos wären, dieses Klopfen, als ob uns ein Presslufthammer im Kofferraum rumspringen würde. *„Ich rate dir herauszufinden woher dieses Geräusch kommt!"* mahne ich meinen Produzenten, nachdem ich mir drei Aspirin eingeworfen habe. *„Das Auto könnte dein Vater sein. Bei dem Alter klappert immer irgendwas"*, will er mich beruhigen. Unser Kameramann versichert sich, dass er nichts spektakuläres verpasst: *„Weckt mich, wenn ich die Kamera anmachen soll!" „Ey, ich werde dich wecken, wenn wir mit 70 Meilen in den Gegenverkehr gerast sind, weil uns ein Vorderrad davongeflogen ist, Mann!"* Wir halten an. Unser Ersatzrad, das wir vor ein paar Tagen in Washington draufziehen mussten, sieht sehr mitgenommen aus. Der Mantel hat ein fettes Loch. Das Klopfgeräusch hat er allerdings nicht verursacht. Ich sehe, dass ein Bolzen von gestern nicht richtig hängt. Noch bevor wir das Rad abnehmen können, kommt ein Servicetruck der staatlichen Highway Patrol. Der Chef hat eine ultrafies gelbe und reichlich kaputte Kauleiste und knetscht Tabak unter der Unterlippe. Er pumpt uns den Reifen, den wir seit Tagen platt hinter dem Sitz mitschleppen, auf. *„Your spare tire* *won't last longer than 20 more miles!"* sagt er zu meinem Produzenten, während ich im Kofferraum rumkrame und der übersetzt es mir mit *„Er sagt, unser Ersatzrad ist noch ganz gut. Aber wenn wir zufällig an einem Wal-Mart vorbeikommen, können wir mal nach einem neuen Reifen gucken." „Zu dumm, Herr Dolmetscher, dass ich sein Statement auch gehört habe!"* mache ich meinem Produzenten klar. *„Und ich plane nicht, mit 70 Meilen in den Gegenverkehr zu rasen, weil uns in exakt 21 Meilen der Reifen platzen wird."* Wir fixen den Bolzen, zumindest so gut, wie das mit der Zange geht, die ich meinem Mitbewohner in Deutschland aus dem Werkzeugkasten geklaut habe. Der Kautabaktyp weist uns den Weg zu einem Reifenservice.

Drei Ausfahrten zurück und dann noch mal 6 Meilen bis in das Dorf, wo der Reifenservice sein soll. Das macht rund 14 Meilen, die wir mit dem Rad überstehen müssen. Bleiben 6 Meilen bis zum Desaster. Wir kommen in einer trostlosen Umgebung an. Heller Schotter auf einem Platz, von einem großen Verschlag abblätternde, weiße Farbe. Zwei verzogene Tore und eine Bürotür, die so schäbig aussieht, dass man keine bessere Film-Deko finden könnte. Ein kaputtes Auto ist umgeben von alten verrosteten Ersatzteilen. Mein Produzent und ich steigen aus. Unser Kameramann folgt, die Kamera geschultert. Uns hetzt ein räudiger Schäferhund kläffend entgegen. Mein Produzent schreit verzweifelt: *„Jemand muss mir diese Töle vom Hals halten!"* und sein Gesicht entkrampft sich erst, als ich dafür sorge, dass der Hund von ihm abläßt. Von irgendwo rechts knarrt eine Tür. Der Hund läuft hin, ich ihm hinterher. Der Bewohner versteht mich die ersten drei Mal nicht. Näher dran, frage ich ihn nach dem Besitzer dieses Schuppens. Der hockt bei ihm in der Wohnung.

Der Besitzer, Mr. Miller, kommt raus. Meine beiden Kollegen

haben aufgeholt. *„Packt das Ding da weg, sonst arbeite ich nicht an eurem Auto!"* ist das erste, was Miller rausblafft. Er meint die Kamera und ein *„Packt es weg!"* unterstreicht es noch mal. Er hat keinen Caddy-Reifen, empfiehlt uns zum Wal Mart Supercenter zu fahren. Das sind noch mal 15 Meilen. Also dann. Das Lenkrad wird festgekrampft und die Kamera läuft mit, damit wir es auf Band haben, wenn uns die Karre um die Ohren fliegt.

Angekommen, hat der Wal Mart alles am Start. Es ist Sonntag. Die sollen auch gleich noch Öl wechseln, wo sie heute schon mal arbeiten, die Amis, tzz. Wir streifen ein wenig im Wal Mart rum, kommen zurück und werden vom Servicemanager empfangen: *„Wer ist der Besitzer dieses Wagens?"* Klasse Tonfall, er wird uns jetzt viel sagen, nur nicht dass er die Karre toll findet. Mein Produzent runzelt die Stirn und folgt dem schmierigen Typ wortlos. Sie verschwinden in der Werkstatt. *„Kameramann, es war schön mit dir zusammenzuarbeiten. Das dürfte es dann gewesen sein. Dort drin spielt sich eines von zwei möglichen Szenarien ab: unser Produzent wird gerade verhaftet, weil das Auto geklaut war. Dann sollten wir das Weite suchen. Oder aber die Karre wurde soeben als schrottreif deklariert. Dann sind wir genauso am Arsch."* Unser Kameramann wendet sich genervt ab und rümpft die Nase trotz meiner unfassbaren analytischen Fähigkeiten. Mein Produzent kommt diskutierend mit dem schmierigen Manager aus der Werkstatt. *„Ich übernehme die Verantwortung und das bekommen sie schriftlich von mir!"* sagt er zu dem untersetzten, kurzbeinigen Typen. Nach einigen Minuten ergebnislosen Geplänkels wendet sich mein Produzent uns zu: *„Tja, Jungs, man weigert sich hier unseren Motor anzufassen. Angeblich wäre der undicht, würde man das Öl jetzt wechseln, dann kämen wir ‚keine 500 Meilen' mehr. Geschwätz! Die haben Schiss wegen der Garantie. Auf die hätte ich verzichtet, der Ölwechsel wäre dringend notwendig, auch der neue Ölfilter, aber dieser Wurm von Manager macht nicht mit"*, trägt unser Produzent vor. Meine

Analyse war richtig: die Karre ist schrottreif. *„Ein Mechaniker gab mir den Tipp, immer ordentlich Öl nachzukippen, dann könnte man eventuell noch bis zur Küste kommen. Dickes Öl brauchen wir, es muss so zäh sein wie flüssige Gummibären"*, weist uns unser Produzent an. Also ziehe ich mit unserem Kameramann noch mal in den Wal Mart ein, hier gibt es schließlich alles, von der Slipeinlage bis zum zweisitzigen Rasenmäher. Als wir dann endlich den Supermarkt verlassen, haben wir wenigstens einen neuen Reifen drauf. Und die Karre voller Ölflaschen geladen, die so billig sind wie Trinkwasser.

Mr. Big Guy

„Produzent"

15:27 Uhr, Chesterfield, Illinois. Wir fahren durch das abgelegenste Hinterland, weil wir von der 66 abgekommen sind. In einem vielleicht 200 Einwohner zählenden Dorf startet plötzlich ein Zivilauto und nimmt die Verfolgung auf. Mein Berater wird nervös und beichtet uns seine Polizisten-Phobie: *„Bullen hassen mich. Ich werde angehalten und die Jungs finden was. Irgendwas. Ich ziehe diese Scheiße magisch an! Sobald ich einen Bullen sehe, gehe ich kaputt. Und das wittern die Bullen. Es ist ein verdammter Teufelskreis."* Keine halbe Meile später geht ein Blaulicht im Kühlergrill unseres Verfolgers an, wir fahren rechts ran und ahnen Schlimmstes, mitten im Hinterland. Mein Berater wird blass. Ich versuche ihn zu beruhigen: *„Ich lenke den Bullen ab und du fliehst. Einer von uns muss fliehen, um die deutsche Öffentlichkeit zu informieren. Wir sind hier im mittleren Westen, hier werden Frauen eingesperrt, die in der Öffentlichkeit ihr Kind stillen. Wir sind geliefert. Ohne Papiere für diese Karre sind wir geliefert. Sogar die Todesstrafe ist denkbar. Du musst fliehen und zu Harald Schmidt gehen, ich will wenigstens als Märtyrer sterben."* Ein Mann in Zivil nähert sich mit Hand an der Waffe. Mein Berater bekommt Panik. Ich drehe mich zu meinem Kameramann um und beruhige auch ihn: *„Wir sollten dich opfern! Wir machen dich für alles verantwortlich. Du hast die Karre gestohlen und uns per Anhalter mitgenommen. Es ist sinnlos, wenn wir alle sterben, du kannst jetzt zum Helden werden, diese Chance ist einmalig."* Ich stoppe den Motor, lege die Hände auf das Lenkrad und überlege mir, wie ich es plausibel machen kann, dass ich als vollkommen Unbeteiligter am Steuer sitze. *„Der Typ mit der Kamera dort hat mich gezwungen!"* stammle ich vor mich hin und überlege was *„gezwungen"* auf englisch heißt. Mein Kameramann ist inzwischen auch verunsichert, hat sogar seine Kamera weggepackt. Der Zivilbulle steht jetzt vor meinem Fenster und fordert mit respekteinflößender Stimme: *„Führerschein und Versicherungspapiere bitte!"* Mein Führerschein ist schnell gefunden. Nervös suche ich nach irgendwelchen Papieren im Wagen, die ich bisher eventuell übersehen haben könnte. *„Das ist kein Führerschein!"*, sagt der Bulle. *„Das ist kein Führerschein?"* Ich gucke meinen Berater jetzt selbst sehr verwirrt an und überlege eine Sekunde, ob ich ihn aus der Beifahrertür stoßen kann: *„Lauf, Berater, lauf um dein Leben!"* Sein Gesicht verkrampft sich und der Bulle wittert fette Beute. Ich mache ihm klar, dass es sich um einen nationalen Führerschein handelt, und dieser hier für ein Jahr gültig ist. Er glaubt uns nicht, natürlich nicht, wir werden aufs Revier geführt.

Irgendwo in einer Seitenstraße steht eine Blechhütte. Der Cop und seine Beifahrerin steigen aus und wir folgen kleinlaut. Jede weitere Amtshandlung dieses Kleinstadt-Hilfssheriffs baut die Situation mehr und mehr zu einem riesigen Gesamtklischee auf. Wir glauben, Akteure eines 50er-Jahre-Movies zu sein. Der Cop fläzt sich auf seinen Stuhl im fensterlosen Containerbüro und bedeutet uns, mit überlegenen Gesten, uns ebenfalls zu setzen. Er zündet sich eine Zigarette an. Die völlig unterwürfige Begleiterin folgt seinem Beispiel. Ihr fällt dabei jedoch die Zigarette aus der Hand. *„Burnin' the carpet?"* – der chauvinistische Cop lässt einen Spruch fallen, auf den ich schon gewartet habe: *„That's how women are. Don't trust them."*

Der Bulle scheint es nicht auf mich abgesehen zu haben. Die Strategie, unseren Kameramann zu opfern, könnte funktionieren. Der hat einen Schnauzer, ich nicht! Unsere Personalien checken dauert und tatsächlich hängt es nun nur noch am Pass unseres Kameramanns, der vom System nicht bestätigt wird. Als das dann irgendwann doch gegessen ist und er noch mal dummbrotig nachfragt, ob ein internationaler Führerschein nötig ist, kann ihm die Telefonstimme auch nichts in sein leeres Hirn rufen. Unser Fall wandert vor die nächste Instanz. Wir müssen auf die State Police warten und auch das dauert. Also verwickeln wir ihn in ein Gespräch, wollen das Eis brechen, wir haben keinen Bock, wegen so einem dahergelaufenen Dorfbullen unseren besten Mann zu opfern. Das Büro ist eine Messe. Ein Containergebäude, nicht größer als vierzig Quadratmeter, ein mittelgroßer, für Chesterfield jedoch überdimensionierter Aufenthaltsraum mit Stühlen an den Wänden, links ein Gang, an dessen Ende unter Neonlicht sein Schreibtisch steht. Den Tisch flankieren Waffen- und Aktenschrank. Auf der Tür, die rechts in diesem Raum abgeht, steht *„Halte diesen Raum sauber!"* Und hier sitzen wir jetzt und er erzählt uns, dass er in Deutschland war. Ich stecke mir auch eine Kippe an, damit er das Gefühl hat, ich wäre auf seiner Seite. In Deutschland hat er, so fährt er fort, die Polizei in der Bekämpfung des globalen Terrorismus trainiert. Aha. Eigentlich ist er hier nur vorübergehend, weil er die drei, die sonst hier waren, auf die Schule geschickt hat, damit die was lernen – die können das nicht. Er hat hier viel zu tun, den ganzen Büroscheiß aufarbeiten, den die nicht gemacht haben und so. Nachdem er in Deutschland allen beigebracht hat, wie man Flugzeuge mit der Hand fängt, ist er in die Türkei gegangen, in den asiatischen Part, um auch dort für Sicherheit zu sorgen. Aber *„die Türkei ist scheiße"*, meint er. Auf die Frage, ob er hier viel Kriminalität hätte, sagt er, dass auf den weiten Feldern viel Koka angebaut wird. Das ist ein Problem.

Er erzählt viel, fragt auch, was wir so machen, und als mein Produzent und unser Kameramann preisgeben, dass sie Informatik studiert haben, holt er zur spektakulärsten Antwort unserer bisherigen Konversation aus und rechnet vor, dass drei sehr gute Computerspezialisten mit rund einer Million Dollar für Equipment rund drei Monate ununterbrochen arbeiten müssten, um den Code des Polizeinetzwerks zu knacken. Und dass das sowieso nicht klappt, weil der Code alle 24 Stunden geändert wird. Wow. Die Hände meines Produzenten krampfen sich an der Armlehne fest, seine Augen werden glasig und sein Schädel fängt an zu vibrieren. Der Kehlkopf rutscht nach oben, am Hals bilden sich Krampfadern, die Wangenknochen treten hervor und die Haut spannt sich um die Mundwinkel. Jetzt bloß nichts falsch machen! Wenn ich nur eine Stecknadel auf seinen Schuh fallen lasse, würde sich diese größtmögliche Anspannung wie ein Donnerschlag auf unseren Hilfsbullen entladen, mein Produzent würde brüllend vom Stuhl fliegen, bis sein Zwerchfell auch das allerletzte Lungenbläschen vom Sauerstoff befreit hätte. Ja keinen Blickkontakt zwischen den Informatikern zulassen und den Bullen dazu bringen, dass er das Thema wechselt. Er ruft seine Tochter an. Glück gehabt. Im Militärton: *„Bleib wo du bist, deine Mutter wird in Kürze da sein!"* Keine Antwort abgewartet, knallt er den Hörer auf. Weiter mit uns. Er bietet uns einen Kaffee an, wahrscheinlich ist in diesem Scheißdorf so wenig los, dass der Sheriff, Sergant Chesterfield, sich Leute zum Smalltalk einfängt. Auf die Frage nach der Verkehrsdichte in St. Louis, wo wir jetzt schon wären, hätte er uns nicht gekascht, antwortet er: *„In St. Louis fährt es sich so scheiße, dass ich eher in Kalifornien fahren* *würde!"*

Ein Quietschen der Fliegenfängertür am Bürocontainer. Der State Police Officer tritt ein. Eine weitaus schillerndere Autorität als unser Cop hier. Er hört sich sein Gesülze an, dass er, auch wieder im Militärton, vorträgt: *„We have these three guys, one of them is the driver havin' NO international drivers license ..."* Er weiß nur von seiner Schule, dass man einen nationalen und einen internationalen Lappen braucht, um hier fahren zu dürfen, dieser Hinterweltgelehrte. Außerdem wären wir zu schnell gewesen. Der State Officer bittet ihn eine Minute in ein Nachbarzimmer. Es muss ein komisches Bild abgegeben haben, wie wir dort ultrabrav und mit Blinkeraugen vor unseren Kaffeebechern gesessen haben. Ich hatte auch gerade versucht, mir die zweite Kippe einzufahren, hab's aber abgebrochen, weil ich kein schlechtes Bild abgeben wollte, als der Trooper reinkam. Egal. Draußen wird diskutiert, wir feiern schon, weil der Blödsack den Typen, der sicherlich bedeutend Wichtigeres zu tun gehabt hat, ranrief, wegen so einer Lächerlichkeit. Wir spekulieren darauf, dass er jetzt tierisch runter gemacht wird, wahrscheinlich so wie ständig während seiner Militärzeit, als er das CIA-Netzwerk gehackt hat.

Sie kommen wieder rein, er nimmt Haltung an und erklärt uns, dass wir definitiv eine International Licence brauchen. Ach so. Dass wir aber fahren können und uns möglichst in den anderen Staaten an die Geschwindigkeitsregeln halten, da wir sonst jederzeit mit denselben Schwierigkeiten rechnen müssen: *„You don't wanna go through all this again!"* Terrorist-Hunting-Special-Forces-Advisor-And-Computer-Hack-Freak-Chesterfield-Cop hat's echt gerissen. Jetzt fällt mir auch ein, woher ich den kenne: aus dem Cartoon mit dem Sheriff, der so ein lahmes Pferd hatte, dass schlauer war als er selbst. Sheriff Donnerknall.

Das Drama bahnt sich an

[Di, 21.5.02]

Es war schon dunkel, als wir unser Zelt irgendwo aufstellten, wo wir den Eindruck hatten, es würde uns niemand verscheuchen. Am Morgen wurde uns dann klar, warum uns keiner den Platz missgönnte: Die Nacht haben wir in einer dieser verlassenen „White Trash" Siedlungen verbracht, in der der ausgestoßene Teil der Gesellschaft in Wohnwagen haust. Wenn es selbst für die Randgruppe zu trashig wird, dann bleibt der Müll liegen und die Leute verstreut es nach und nach. Oder sie sterben weg. Das, was übrig bleibt, ist dann eine Müllhalde. Dort treffen sich auch gerne mehr oder weniger jugendliche Halbstarke, um mit mehr oder weniger gefährlichen Waffen auf Bierbüchsen zu schießen. Oder auch schon mal auf einen Hasen. Und wenn man sich dort Nachts zur Ruhe legt, dann sollte man auf heranrasende Pickups achten, auf deren Ladefläche ein halbes Dutzend scharfgemachte Kampfhunde lechzen. Soviel zumindest zum dem, was man aus schlechten Filmen kennt.

Unsere Müllhalde liegt direkt an der lärmenden Autobahn. Von einem Albtraum wurde ich aus dem Schlaf gerissen: Ein häßlicher, schreiender Mann zerrt an meinem Schädel – kopfüber hänge ich geknebelt als Klöppel in einer riesigen Kirchturmglocke und dieses tobende Ungeheuer schleudert mich immer wieder gegen die Innenwände der Glocke. Dabei springt er auf dem Kirchturm herum und brüllt etwas vom Bau einer Oper. Jetzt erkenne ich auch, was mit mir geschieht: ich bin Dekoration in einem Werner-Herzog-Film und mein Peiniger ist Klaus Kinski!

Am Morgen steht unser Kameramann vorm Zelteingang, der nach der Geschichte meines Produzenten mit den Pickups und den Kampfhunden lieber im Auto schlafen wollte. *„Alles okay mit euch? Da war gerade ein Pickup, der aber gleich wieder gefahren ist, als ich ihn gesehen habe."* Die Umgebung war schmutzig, vielleicht auch die Gedanken des Pickup-Fahrers. Oder aber er holt die Cops, denn wildes Zelten ist in den Staaten verboten. Also abbauen und abhauen. Im Steak 'n Shake einen Kaffee schlucken, noch nach der Wäscherei fragen und auch gleich die Bibliothek finden, Wäsche waschen, Mails schreiben, und dann ... NEIN!!!! Dieser scheiß Karren leckt schon wieder. Irgendwas bahnt sich als Lache den Weg zum Bürgersteig. Was ist das? Öl? Scheiße – bloß nicht unser kostbares Öl. Aber wie Öl sieht's auch nicht aus, eher dünnflüssig und rötlicher. Was ist denn das? Das Getriebe! Das verdammte Getriebe! Warum kann eigentlich nicht mal einen Tag lang nichts sein? Dann bemerke ich, dass dieser Tag gestern war.

„Wir haben noch Getriebeöl. Erst mal aufkippen und abwarten." sagt mein Produzent. Weiterfahren oder hier jemanden suchen? Weiterfahren. Wenn echt was ist, wird es sich am ehesten beim Fahren bemerkbar machen. Wir suchen die 66. Keiner weiß genau wo die ist und unsere Straße hier ist es wohl dann doch nicht. Seit Meilen kein Schild, das letzte Route 66-Zeichen haben wir gestern Nacht irgendwo gesehen. Wir haben uns völlig verfahren, die Sonne steht nicht da, wo sie sollte. Zurück zur Interstate. Die Route können wir sowieso erst mal knicken, wenn wir das mit dem Getriebe heute nicht geregelt kriegen. Wir verlieren immer noch Flüssigkeit. Also fahren wir nun auch noch zurück zum letzten Ort. Wieder am Steak 'n Shake vorbei. Der erste Typ schickt uns weiter, der zweite kann erst gegen drei am Nachmittag, der dritte will in einer halben Stunde ran und der letzte in drei oder vier Stunden. Also zurück zum Halbe-Stunde-Mann.

Wir haben Glück bei Sams Tire Service. Bobby macht unsere Karre wieder flott. Wir erzählen ihm von unserem Problem mit den Bremsen, das wir vor einigen Tagen hatten. Aber er kann mit einer noch viel besseren Brems-Story aufwarten: *„Hier war mal ein Typ, der durchquerte das Land in einem Wagen OHNE Bremsen. Trat ich die Fußbremse – passierte nichts. Zog ich die Handbremse – passierte nichts. Der Kerl bremste den Wagen indem er einen kleineren Gang einlegte!"* Drei Stunden später und 50 Dollar ärmer verlassen wir den Ort. Mit einer weiteren Nacht auf der Müllhalde statt im Motel haben wir die 50 Bucks wieder rein und uns damit die Story des Tages erkauft. *„Ist dir aufgefallen, dass unser Mechaniker aussah wie Kevin Bacon in ‚Im Land der Raketenwürmer'? Du brauchst nur lange genug durch die Staaten touren, dann findest du jede Filmgestalt irgendwo personifiziert. Die Frage ist nur: Stellen die Filme die Leute dar oder umgekehrt?"* frage ich meinem Kameramann, der wissend grient, während er sein Objektiv putzt.

Im Ghettoblaster, den wir gerade bei Wal Mart erstanden haben, läuft Røyksopp, eine norwegische Band, die überall hin passt, wie sonst keine. Wir haben die Grenze zum Bundesstaat Oklahoma überschritten, fahren auf dem Highway durch ein Land, in dem früher die Mah Ya Mi ansässig waren. Rechts und links rauscht weite Landschaft vorbei. Der Himmel ist klar, kein Wölkchen, der Mond steht am Horizont und die Sonne tief. Es weht das ideale Cabriowetterwindchen. Ich erinnere mich an meine frühe Jugend, damals, als ich die acht Bände der „Söhne der Großen Bärin" gelesen habe, eine Reihe über einen imaginären Häuptlingssohn, der später in den Kampf mit den „zivilisierten" Truppen trat. Wir fahren durch sein Land. Ich selbst bin dort, wo früher Bisons die Weiten mit Staub erfüllt haben. Ich fühle mich außerhalb, weiß nicht, wie ich es beschreiben soll. Das Land ist eine riesige Wiese, mit hohem Gras bestanden. Wie wäre es wohl, wenn jetzt nur ein Monorail hier wäre und der Rest der Zivilisation zurückgebaut? Keine Straße in der Ferne, auf der Autos fahren. Nicht mal eine Scheune, geschweige denn ein Strommast. Wie weit muss man gewesen sein, wie hoch und zivil im Geiste, als man dieses Land zu Pferd beritten und es als die Mutter angesehen hat. Highways, Zäune, Felder mit Monokulturen – alles Bullshit. Auch wenn ich hier mit Laptop sitze und mir den Scheiß von der Seele schreibe. Da tut es gut, für Sekunden durch die Augen des Imaginären geblickt zu haben, vielleicht beschreibt es das am besten.

[Mi, 22.5.02]

„Produzent"

Für deutsche Touristen steht während eines USA-Urlaubes immer ein Besuch in einer dieser überdimensionierten Outlet-Malls auf dem Programm. Ganze Städtchen, die nur dazu errichtet wurden, den Leuten, die eigentlich nur eine Levis kaufen wollten, auch noch ein Armani T-Shirt, ein Didgeridoo und einen feudalen Sommerhut aufzuschwatzen. Dabei wird man keineswegs, wie letztes Jahr in Tunis, von zwielichtigen Gestalten zum Tee eingeladen um dann unbedingt einen Teppich kaufen zu müssen. Vielmehr führt einen der entspannte Spaziergang geschickt und dezent an möglichst allen der dreihundert Läden vorbei, wobei ein wissenschaftlich erarbeitetes Hintergrundmusikprogramm das Geld im Portmonee lockert und das unbändige Verlangen erwacht, das beim günstigen Essen im Food Court gesparte Geld augenblicklich auszugeben.

Auch in uns erwuchs plötzlich das Bedürfnis nach Mittelklasse-Designer-Hemden. Kurz vor dem Parkplatz der nächstgelegenen Mall wurden wir jedoch aufgeklärt: *„Ein Tornado hat sie weggeblasen ..."*, bekamen wir trocken von einer jungen Frau zu hören. Scheint hier nicht selten vorzukommen, und der Wind lässt auch schon den ganzen Tag die Wolkenschatten über die Straße fliegen, als ob wir uns im Zeitraffer bewegen würden, bzw. als ob das Drehbuch unserer Reise auf einen dramatischen Höhepunkt vorbereiten möchte.

In einer Bibliothek lernen wir Carson Antelope kennen, einen Indianer, der seine Militärzeit in Deutschland verbrachte und sich wundert, warum ich nicht Hans heiße. Ich frage Winnetou, von welchem Stamm er ist. *„Cheyenne"* sagt er mir, und alles was mir dazu einfällt, ist die Hauptstadt des Bundesstaates Wyoming.

Innerhalb eines Tages haben wir heute die ehemaligen Reservate der Sac, der Fox, und der Cheyenne durchkreuzt – die Indianer dürften alle ausgerottet oder dekultiviert sein, sorry, kein undo möglich.

Was sich gestern Abend angekündigt hat, ist heute durchgebrochen. Die Karre nimmt nicht mehr richtig Gas an. *„Könnte die Zündung sein. Die hatten wir noch nicht"*, sage ich zu meinem Produzenten. *„Da liegst du falsch. Die Zündung hatte ich auch schon"*, erwidert er. *„Ich hatte gerade New Orleans verlassen, eine Stadt, in der du es problemlos wochenlang aushalten kannst. Ein paar hundert Meilen weiter ging dann plötzlich nichts mehr. In irgendeinem Dorf, wo ich dann auf dem Bordstein rumsitzen musste, um auf die Reparatur zu warten. Es fing schon vorher damit an, dass ich die Ampelrennen auf den vierspurigen Zubringern nicht mehr gewann. Normalerweise katapultiert der Achtzylinder den Karren bereits auf den ersten Metern an die Spitze. Sobald du Grün siehst, stemmst du das Gaspedal in den Filzteppich, die Reifen pfeifen kurz, krallen sich in den Belag, dann drückt es dich in den weichen Sitz, das Handschuhfach fliegt auf, der Motor schreit dich an und deine Gegner verschwinden in einer Wolke aus Benzin, Öl und verdampfendem Gummi. Den acht*

Litern Hubraum ist kein Japaner gewachsen. Nun lief die Kiste aber nur noch auf schätzungsweise vier Zylindern. Damit war die Poleposition Geschichte und in diesem verlassenen Dorf lief dann nicht mal mehr ein Zylinder."

Die Route haben wir seit gestern nicht gesehen und wir werden auch heute nicht drauf fahren. Es gilt Meilen zu machen, um überhaupt zum rechten Zeitpunkt an die Westküste zu kommen. Die Umgebung wird immer einsamer, der Sand röter, die Steppen karger und die Sonne stärker. Es kommt Roadmovie-Atmosphäre auf. Während der Fahrt nach Amarillo lerne ich einen Drifter kennen, einen „all over USA traveler" aus Amarillo. Er erzählt mir eine Geschichte über die Route 66: *„Es ist eine von Geistern heimgesuchte Straße, fast alle Trucker kennen die Geschichte. Es gibt hier einen ‚Phantom Dog', einen großen schwarzen Hund, der in der Nacht, zwischen elf und zwölf, direkt auf die Autos zu rennt, bis die Fahrer die Kontrolle verlieren. Zweihundert oder dreihundert dieser Unfälle hat es gegeben. Die Opfer sprechen nur von einem großen Hund und davon, dass sie ausweichen wollten. Der Hund hinterließ niemals eine Spur."* Ich warte noch drauf, dass er auf die besondere Vorliebe des Hundes hinweist: rote Cabrios. Vergeblich, der Drifter verabschiedet sich: *„Have faith!"*

Kapitel 4

Playlist

1. Apollo Four Forty – The Man with the Harmonica
2. Røyksopp – Røyksopp's Night Out
3. The Centurians – Bullwinkle Part II
4. Jefferson Airplain – White Rabbit
5. Aphex Twin – Windowlicker

Am Arsch

[Anfangsszene; Do, 23.5.02]

„Produzent"

Der Himmel ist bedeckt. *„Ich gebe dem Wagen noch 100 Meilen!"* sagt mein Berater. Und obwohl wir alle ahnen, dass wir nicht mehr weit kommen werden, beschließen wir, die Interstate zu verlassen, um auf der Old Route 66 zu fahren. *„Ich gebe ihm 50!"* erhöhe ich den Einsatz. Auch unser Kameramann hat seinen Optimismus verloren. Zu offensichtlich ist das Verrecken der Karre. Meine Beruhigungsfloskeln glaube ich schon selbst nicht mehr: *„Das Geräusch? Das sind nur die Zierleisten, die im Wind schlackern."* oder *„Dieses Stottern? Das kann nur der schlechte Sprit sein."* *„Dann werden wir unseren Cadillac wenigstens stilvoll in der Wüste verenden lassen"*, sind wir uns einig und folgen der Straße auch noch, als sie zur Schotterpiste wird. Es wird hügelig. Die coolen Sprüche bleiben uns langsam im Hals stecken und unsere Gemüter verfinstern sich. Mir wird klar, dass es zwar ein dramatisches Ende für einen Film hergibt, „den Cadillac wenigstens stilvoll in der Wüste verenden zu lassen", dass dann aber kein Licht angehen wird, damit wir den Weg aus dem Kino finden. Mit Schrittgeschwindigkeit kriechen wir einen langen Hügel hinauf. Wie ein verendendes Tier kämpft das Auto mit letzten Kräften. Es schmettert die Fehlzündungen in die Steppe, wühlt den Staub von der Piste, bis der Motor schließlich mit einem finalen Donnerschlag sein Leben aushaucht. Regungslos sehen wir zu, wie sich der Staub im Wind auflöst. Ruhe kehrt ein.

Bedächtig schaue ich meine Kollegen an. *„Jetzt haben wir unsere Wüste"*, scherzt mein Kameramann. *„Wir könnten es noch bis auf diesen Hügel schaffen"*, mutmaße ich und versuche den Wagen zu starten. Vergebens. Es dauert keine Minute und die Batterie ist tot. Nachdem wir unser Elend dokumentiert haben, lasse ich den Wagen rückwärts bis zum Fuße des Hügels rollen. *„Nicht so schnell!"* schreit mir mein Kameramann hinterher und auch mein Berater hat Angst um sein Gepäck. Der Rückwärtsdrall reicht nicht aus um den Wagen zu wenden. Nun steht die schwere Hitsche quer über die gesamte Piste. Etwas muss passieren.

„Wir werden laufen müssen!" stelle ich fest. *„Du bleibst am Wagen und regelst die Sache von hier, wenn jemand kommen sollte!"* sage ich zu meinem Berater. *„Die Interstate ist nicht allzuweit entfernt, das heißt, dass kein halbwegs gescheiter Mensch auf die Idee käme, diese lächerliche Piste zu befahren."* Und seit wir die Interstate verlassen haben, kam uns auch kein Auto mehr entgegen. *„Wir nehmen noch einen kräftigen Schluck von deinem destillierten Wasser und laufen dann immer Richtung Horizont!"* sage ich zu meinem Kameramann und wir marschieren los.

Einige Meilen zuvor hatten wir ein paar alte Hütten passiert, vielleicht können wir dort einen Abschleppservice rufen. Wenn dort noch Menschen leben. Allerdings haben wir kein Bargeld mehr, die letzten Dollar haben wir diesen Morgen unter der Tür des Zeltplatzbüros durchgeschoben, weil es noch nicht offen war, als wir den Platz verließen. Nicht einmal Geld für einen Kaffee haben wir uns übrig gelassen – soviel Dummheit muss natürlich bestraft werden.

„U-Turn" ist ein Scheißdreck. Ich sitze hier im Auto und sehe zu beiden Seiten unbefestigte Straße. Links und rechts der Straße nur spärliche Vegetation, der Rest ist trockene Erde, auf der Kühe was zum fressen suchen. Schwalbenähnliche Vögel nutzen den heftigen Wind, um darin zu schweben. Hinter mir steht ein Pfahl der Telefongesellschaft AT&T. Das lose angebrachte Schild wackelt im Wind und macht Western-Geräusche. Eben noch schoben wir uns mit gewaltigen Fehlzündungen donnernd an den Kühen vorbei, jetzt stehe ich hier und sie schauen mich gelangweilt an, die angefressenen Grasbüschel im Maul. Die Szene hatte etwas außergewöhnlich filmreifes. Der Bulle war die ganze Zeit höchst aufmerksam. Jetzt wo ich hier alleine bin, steht die Herde, nur getrennt von einem vielleicht zwei Meter tiefen, von Wasser ausgespülten Minicanyon vor mir und beobachtet mich, so wie ich sie. Ich habe nichts zu tun und der Moment erscheint mir, als ob ich ein viertel Mal um die Erde müsste, um ausweglose Scheiße am Hacken zu haben. Hier ist kein Mensch, ich mache Aufnahmen mit der Kamera. Die beiden sind inzwischen so weit weg, dass das gute Zoom sie nur noch als Punkte erkennen kann.

„Produzent"

Der Wind fegt über die Steppe und die Wolkendecke hängt schwer am Horizont. Beim Erklimmen jedes Hügels hoffen wir, dahinter etwas neues zu entdecken, bis nichts als ein weiterer Hügel auftaucht. Wir passieren ein ausgewaschenes Flußbett auf einer morschen Holzbrücke. Kleine Grasbüsche rollen über die Piste. *„Also, wie soll es weitergehen?"* fragt mein Kameramann nach einigen Kilometern. *„Darüber denke ich schon die ganze Zeit nach. Seit wir diese Karre fahren, tragen wir dieses unterschwellige Gefühl mit uns rum, die nächste Reparatur müsste die letzte sein"*, resümiere ich. *„Um dann einige Tage später eines besseren belehrt zu werden"*, ergänzt mein Kameramann. *„Wir brauchen einen neuen Wagen. Bei diesem Gepäckumfang fällt alles andere wohl aus."* stellt er fest. *„Stimmt. Trampen ist unpraktisch: einer stellt sich an die Straße und wenn dann so ein Opel Corsa-Verschnitt hält, kommen die anderen beiden mit fünf dicken Koffern hinterm Busch vor."* scherze ich. *„Was wird aus dem Cadillac und deinem Autovermieter?"* grübelt mein Kameramann. *„Drauf geschissen! Die Kaution können wir sowieso vergessen. Wir lassen die Kiste irgendwo stehen. Soll er sich seinen Schrott selbst abholen. Ich würde vorschlagen, wir schleppen den Wagen zur nächsten Werkstatt. Sollte die Reparatur keine große Sache sein, dann fahren wir weiter. Ansonsten nehmen wir einen Mietwagen und fahren damit nach L.A."* Die Zeit vergeht, während wir über unser Schicksal sinnieren. Eine Piste kreuzt die unsere. Über den Hügel, der vor uns liegt, kommt ein Pickup gerast. Steine springen zur Seite und eine Staubwolke zieht sich den Weg entlang. Wir bleiben stehen und der Wagen kommt näher. Eine alte Frau sitzt am Steuer. Sie hält neben uns. *„Guten Morgen Mrs! Wir haben da ein kleines Problem: unser Auto ist liegen geblieben. Einige Meilen westlich von hier."* sage ich und deute in die Richtung, aus der wir kommen. Ohne zu zögern bittet sie uns in ihren Pickup.

In einem originellen Südstaatendialekt erzählt sie uns von ihrem Sohn, der Mechaniker ist. Er wird sich das Auto gleich ansehen. *„Wow, das hätte auch schlimmer kommen können!"* denke ich mir und staune über ihre Fahrtechnik, mit der sie den Wagen mit einer Geschwindigkeit bewegt, die ich hier weder für möglich gehalten, noch dem Pickup überhaupt zugetraut hätte. *„Hier sind schon Reisende verunglückt. Vor einigen Jahren kam mal ein junges Pärchen von der Straße ab. Sie starben dabei."* berichtet sie uns und beschreibt die Unfallstelle genau genug, dass es mir schaudert. Zwischen zwei Hügeln in einer Ausbuchtung, die zum Wenden gerade breit genug ist. Dort wo die Straße in der Senke einen kleinen Schlenker macht. Und das ist genau dort, wo just in diesem Moment mein Berater entspannt im Caddy liegt und seine letzte Zigarette raucht. Im Caddy, der quer auf der Straße parkt. In einer Senke, die man von Weitem nicht sehen kann. Und wenn die Leute nur halb so schnell fahren wie unsere alte Lady hier, dann könnte der Wagen bald mehr als nur einen Motorschaden haben.

Wir passieren ein paar abgestellte Pickups und erreichen eine Ranch. Neben dem Adobehaus des Farmers steht eine riesige Garage umgeben von ausgewachsenen Trucks, rostigen Anlagen und merkwürdigen Konstruktionen. Ein uriger Farmer mit tiefer Stimme, langen Haaren und Vollbart empfängt uns, als ob er uns schon erwartet hätte: *„Hallo Jungs, seid willkommen! Ich bin Rick, nehmt doch Platz. Einen Kaffee? Etwas Beef – ist frisch geschlachtet!"* Mein Kameramann lehnt genügsam ab, aber ich rede mir ein, dass distanzierte Bescheidenheit jetzt nicht angebracht ist. Also lange ich zu und erzähle Rick unsere Story. Es treffen immer mehr Farmer ein, von denen wir keine Ahnung haben, woher sie kommen, da wir weit und breit keine Zivilisation erkennen konnten.

Jetzt bin ich wirklich lost. Die Sonne dringt langsam durch die
Wolken, es ist noch früh am Morgen. Es wird wärmer, der kalte
Wind war auf Dauer eine Tortur. Ich sitze im Caddy, den Kopf
aufgestützt. Die Batterie ist am Ende, die Scheiben müssen unten
bleiben. Plötzlich, rechts von mir, eine Staubwolke. Das war
nicht die Richtung, in die die Jungs gegangen sind. Über die
Hügelkuppe kommt ein Jeep. Ich steige aus, hebe die Arme und
gebe damit Zeichen, dass man sich bitte nicht fürchten soll. Ich
habe noch meine Mütze auf, der Wagen steht auf der Piste wie
eine Straßensperre, all das macht einen äußerst krassen Ban-
dito-Eindruck. Das Auto hält in einer beträchtlichen Entfernung.
Ich fange an zu laufen, auch der Jeep setzt sich in Bewegung.
Der Fahrer kurbelt das Fenster nur einen Spalt herunter. Er hat
Angst, genau wie ich dachte. Nach einer kleinen Konversation
will er Hilfe holen. Er macht nicht den Eindruck, als ob er es
ernst meint und kehrt um. Der Caddy stand da, als ob ich dahinter gerade eine Leiche verbuddele: Kofferraum offen, quer,
mitten in der Einöde. Yo, Mann! Wieder lost, wieder im Auto
sitzen, wieder den Kopf aufstützen.

Durch das Pfeifen des Windes dringt ein Motorgeräusch, dem
eine Staubwolke hinterher eilt. Es nähert sich ein Pickup. Diesmal aus der Richtung, in die meine Kollegen gegangen sind. Eine
alte Frau sitzt am Steuer und weiß bereits um meine mißliche
Lage. Sie erklärt mir, dass ihr Sohn, der Mechaniker ist, in wenigen Minuten hier sein wird, um das Auto zu fixen. Yeah, sie
haben es gerissen! Ihr Sohn ist Mechaniker, was für ein Zufall.
Da kommt auch schon ein großes Auto. Der Sohn steigt aus,
mit dicker Brille, schmutzigem Basecap und sehr viel Gelassen-
heit. Innerhalb weniger Minuten hat er das Problem erkannt,
der Zündgeber ist gebrochen. Er schleppt uns zu einer Farm, zu-

mindest soweit wir kommen, bevor die Kette zwischen Pickup und Cadillac abreißt, als mein Produzent versucht zu bremsen. *„Kluge, Mann! Wer hat gesagt, du sollst eine Vollbremsung machen?"* schreie ich. *„Freundchen, ich bin dein Produzent und kein Rennfahrer. Wenn ich glauben würde, dass du es besser könntest, dann hätte ich dich längst ans Steuer gesetzt!"* verteidigt er sich beleidigt.

Ein weiterer Pickup kommt uns entgegen und Rick, wie ich später erfahre, setzt sich an das Steuer des Cadillacs. Während er, total gelassen, die Karre ohne Bremskraftverstärker oder Servolenkung an der dünnen Stahlkette um die Schlaglöcher zirkelt, höre ich immer wieder *„Shit"*, *„Junk"*, *„Son of a Bitch"* und andere fiese Ausdrücke, die aber nur als Füllwörter dienen. Dazu macht er Mick Jagger-Handbewegungen und tobt mit sprechenden Händen hinter dem Lenkrad herum. Dieser Mann hat Energie. Und mit einem Affenzahn kommen wir auch an.

Doug, der Mechaniker, der vorne im Auto schleppt, und Rick verständigen sich mit Handzeichen über die Geschwindigkeit und das Bremsen. Scheinbar macht man das hier alle paar Wochen mal, ansonsten könnte man auf Dreck 2,5 Tonnen an einer Stahlkette nicht so präzise auf der Straße halten. Hammer. *„We have a lot of shit out here. A lot of shit. We teach you guys how to handle the junk. You'll see we get the son of a bitch fucking Cadillac on the street where it belongs. I tell you, you fuckin' stuck at the right place. We have ol the shit. We'll fix it and have some Wax 2000 on it so that you get more chicks, ya know! We have a lot of shit, believe me."*

Als wir angekommen sind, sage ich Rick, dass es uns leid tut, dass wir nicht mal mehr Bier im Auto haben um, uns erkenntlich zu zeigen. Zehn Sekunden später hab ich das erste Coors in der Hand, und es sollte nicht das letzte sein. *„Don't worry, you*

won't get thirsty here." Halb elf, das Bier ist alle, während wir mit einem halben dutzend Farmer ein Pläuschchen halten. Einer erzählt mir, er ginge nie ohne seine Messer aus dem Haus: *„Ich möchte immer vorbereitet sein!"* sagt er mir und wie er es so sagt, klingt es absolut einleuchtend. Er ist ein Messermacher. Dass es das noch gibt. Rick ist Landbesitzer, er hat 56 Teile, wobei ein Teil einer Quadratmeile entspricht. Viel also. Doug kann alles reparieren, von jeder Seite kommt dieser Spruch. Sieht ganz so aus, als ob Rick recht hätte: Wir sind am richtigen Ort liegengeblieben – *„ We fuckin' stuck at the right place".*

„Fühlt euch wie zuhause!", sagt Rick und er meint es wirklich. Die Gegend ist beeindruckend: Vom Hügel, auf dem die Ranch thront, kann ich am Horizont eine gewaltige Canyonwand sehen. Bis zum Horizont nur einsame Steppe und ein paar vereinzelte Rinderherden. *„Siehst du diese Bergkuppe? All dieses Land gehört uns. Es ist Comanche-Land, und in diesem Canyon dort könnt ihr vielleicht noch einige Pfeilspitzen finden."*

Habe ich Drogen genommen? Sind wir von der Straße abgekommen, liegen im Graben und werden gleich aufwachen? Das ist die Szene, die ich mir vorgestellt hatte! Das Bild ist weichgezeichnet, die Farben sind satt, und während Doug sich über den Motor beugt, stelle ich fest, dass er der Mechaniker aus „U-Turn" sein muss. Plötzlich ist uns alles egal. Wenn der Trip hier endet, dann war es das wert. Unsere Realität ist hier so fern, Zeit so relativ, dass nichts mehr eine Rolle spielt. Wir versumpfen in einem riesigen Auto-Schrottplatz hinter der Farm, auf dem sich vom 40er Jahre-Auto bis zum 40 Jahre alten Coke-Automaten alle Kuriositäten des letzten Jahrhunderts amerikanischer Geschichte angesammelt haben – dabei liegt im Hintergrund jederzeit die spektakuläre Kulisse. Der Himmel ist nun wolkenlos. Zwischen voll beladenen Truckanhängern, die hier seit 20 Jahren unbeachtet ruhen, zwischen Planierraupen und Feuerwehrautos, werfen museumsreife Oldtimer bizarre Schatten über alte Colaflaschen und Eismaschinen.

Im Rausch

Wir sitzen in einem Motorboot, mitten in der Wüste, und rauchen uns dem Himmel noch ein Stück näher. Mein Berater hat das Steuer übernommen und dreht fortwährend am Lenkrad. Ich liege auf der langen Lederrückbank des Bootes und mein Kopf kippt gemächlich zur Seite. *„Ich rate dir die Musik lauter zu drehen!"* weist mich mein Berater auf die Vervollkommnung der Situation hin. Mit größter Anstrengung kann ich den Lautstärkeregler des Ghettoblasters erreichen, ohne mich dabei auch nur einen Millimeter aus meiner Lage bewegen zu müssen. Mein linker Fuß beginnt sich im Takt zu bewegen. Zwischen meiner Nasenspitze und meinem rechten Knie hindurch kann ich meinen Berater tanzen sehen. Im Rhythmus der Musik scrubt

er das Lenkrad mit der flachen Hand. Mein Körper fängt von außen her an, seine Schwingung aufzunehmen: Erst bewegt sich auch der rechte Fuß, dann beide Hände und schließlich auch mein Kopf. Synchron zu den Lenkbewegungen meines Beraters wahre ich das Gleichgewicht auf dem Boot. Der Rhythmus hat mich nun ganz ergriffen und ein Glücksgefühl strömt in meinem Bauch hinab. Eine Windböe streift mein Gesicht. *„Ja Baby, mehr Speed! Gib Gas, Mann! Wir brauchen mehr Speed! Are we god damn old ladies or what?"* schreie ich meinen Berater an und sehe den Canyon auf mich zurasen. Er gleitet rein in meinen Flash, und wir fliegen zusammen die Wüste entlang.

Unser Kameramann will mit unserem Rausch nichts zu tun haben. Als ich wieder etwas runterkomme, suche ich nach ihm und finde ihn im Auto vor der Garage. Voller Unsicherheit über meinen derzeitigen Zustand blickt er mich an und versucht vergeblich, meinen Äußerungen einen Sinn abzugewinnen. *„Ich brauche das Ladegerät für unseren Kameramann!"* trage ich angestrengt vor. *„Was?" „Ich brauche das Ladegerät für unseren Kame-ramann!" „Was willst du?" „Ich brauche das Ladegerät für unseren Kameramann!"* sage ich zum dritten Mal in exakt dem selben Ton und als ich merke, dass ich es auch noch zehn mal gesagt hätte, wird mir klar, dass ich noch nicht ganz nüchtern sein kann. *„Bist du high oder was?"* erwidert er mir zornig. Natürlich meinte ich meinen Berater, für den ich das Ladegerät holen sollte. Unser Ka-meramann nimmt keine Drogen, es gelingt mir auch nicht, ihm welche in die Cola zu mischen. Also muss er nüchtern ertragen, dass ich beginne, ihn ständig mit meinem Berater zu verwech-seln. Aber der ist längst zwischen Öltanks und undefinierbaren technischen Geräten verschwunden.

Es sieht hier aus wie bei Mad Max, ein riesiger Spielplatz, keine Tür ist verschlossen, man kann sich alles ansehen, sich in alles reinsetzen, jeden Schalter drücken und jeden Hebel umlegen. Plötzlich fällt mir auf: Rick sieht so aus, wie ich mir Gott vor-stelle: dicker Vollbart, lange schwarze Locken und Bierbauch.

Als ich im Rausch vom Boot zur Garage laufe, ertappe ich mich, wie ich jetzt bereits seit Minuten einen kleinen Hasen verfolge. Immer wieder ein kleines Pfeifen auf den Lippen, beschwörende Worte, den Oberkörper nach vorne gebeugt, so hat der mich jetzt über den ganzen Schrottplatz geschleift, gerade so langsam, dass ich noch mitgekommen bin. Fieser Hase. Bis mir wieder einfällt, was ich eigentlich an der Garage wollte: Wasser, american style, in einem großen Plastikkanister, 4 Liter.

Wankend angekommen hebt Rick beschwörend den Finger und sagt mir, dass ich das Auto gleich testen kann. Doug hat ein Er-satzteil für die Zündung gefunden, es ist zwar aus einem älteren Caddy, aber es wird funktionieren. Die letzte Schraube wird festgezogen, ich kann starten. Er springt beim ersten Mal mit solcher Gewalt an, dass ich gleich noch mal aufs Gas gehe und mich nicht halten kann. Als hätte ich ein Motorrad unterm Arsch, noch mal Gas und noch mal, yes Baby, lass die acht Zylinder grölen, schreie die rohe Kraft heraus, Mann, ich kann die brutale Gewalt von acht Litern Hubraum wieder spüren! Wow, klar kommen, ich bin völlig breit. Ich hab den Cadillac noch nie so schnurren hören. Respekt. Doug ist der Doktor! *„He can fix everything."* Vor allem hat er die Zündung nach Gehör eingestellt!

Wir sind in Eden. Es ist surreal. Wir haben das Motorboot verlassen und uns auf einem Hausboot niedergelassen, noch immer mitten in der Wüste. Bei kühlem Bier tauchen unsere Blicke in die weite, weite Landschaft, während wir eine Selbstgedrehte rauchen. Die Sonne brennt. Unsere Klamotten liegen irgendwo rum, aus dem Ghettoblaster chillt Røyksopp. Ein Pickup kommt über den Autofriedhof. Es ist Rick, er bringt Nachschub. Neues, eisgekühltes Bier.

„Produzent" Während wir im siebenten Himmel schweben, wird unser Auto repariert, das defekte Teil aus einer 50 Meilen entfernten Stadt geholt, unsere Batterie geladen und der Rest des Wagen durchgecheckt. Auch unser Auspuff soll noch geschweißt werden.

Mit schweren Gliedern gehe ich inzwischen nahtlos in einen der Sessel über, die wir auf dem Bug des Hausbootes platziert haben. Das Wal Mart Radio ist zum Orchester geworden, die Sonne scheint durch mich durch und ich kann mich von oben dort liegen sehen. Mit schwingendem Kopf fliegt mein Blick über die Szene und ich erblicke einen Gefährten tanzend auf dem Dach des Hausbootes, hängend an der Reling oder liegend im Sessel neben mir. Es ist mein Berater, in einer Hand die Kamera, in der anderen ein Bier und im Mundwinkel einen Pott – stets sichtlich am Überlegen, auf welches Utensil er für eine Sekunde verzichten kann, um in Zeitlupe auf dem Kahn herumzuklettern. Die Uhren stehen still. Für einen Moment herrscht absolute Stille, Frieden und völlige innere Reinheit. Die Luft schmeckt trocken, die Musik oszilliert durch meinen Körper und die Lichtstrahlen treiben schubweise meinen Bauch hinab.

Noch immer liege ich tief in meinem Sessel am Boden des Bugs. Rick ist zu uns gestoßen, er steht nun über mir, kreist mit den Armen und zeichnet ausdrucksstark Redeschwälle in den strahlenden Himmel. Neben ihm krümmt sich die Silhouette meines Beraters im Gegenlicht vor Lachen. Ohne die Augen zu bewegen kann ich die ganze Staffage aus Ricks Blickwinkel mitverfolgen: In seiner Sonnenbrille spiegelt sich der endlose, satte Horizont. Darunter döst ein beseelter junger Mann auf einem schäbigen Fauteuil, sein wonnetrunkener Kollege steht feixend neben ihm und ein Dritter verewigt unbeteiligt und konzentriert den Sonnenuntergang auf Band. Rick mag diese Jungs, wie er alle guten Menschen mag. Als ich zufällig erwähne, dass wir kein Bargeld mehr bei uns haben, meint er nur: *„All das wird euch keinen Pfennig kosten!"*

Es ist Vollmond. Ich sitze unter dem Sternenhimmel auf der Veranda unseres Hausbootes. Mein Berater schläft schon seit Stunden regungslos und mein Kameramann wälzt sich im Schlafsack herum. Eine leichte Briese ist aufgekommen. Auf meinem Schoß liegt das Notebook und ich schreibe diese Zeilen. In meinem Kopf herrscht Frieden und am Horizont sehe ich Blitze durch die Luft zucken, als wollte mir jemand sagen: *„Siehst du, Junge, ich kann Wunder noch immer geschehen lassen!"*

„Berater"

In der Küche sitzt ein Typ, der eine Menge Munition dabei hat. *„Wir brauchen die, um Touristen zu erschießen. Deshalb ist der Schrottplatz so groß – wir begraben sie neben ihren Wagen."* haut Doug raus. Soweit ich das vom Bund noch weiß, dürften diese Waffen ziemlich großkalibrig sein. Ich hatte vor mir Patronen liegen, die fingerdick waren. *„Wir jagen damit wilde Hunde, draußen auf den Weiden."*

Auch dieser Tag vergeht, die Sonne brennt mehr und mehr. Doug hat uns einen neuen Auspuff besorgt, unserer ist völlig zerschossen, die Fehlzündungen haben überall Löcher gerissen. *„Bis nach Kalifornien solltet ihr damit kommen!"* kommentiert er sein Werk, als ich ihm bei der Arbeit zusehe.

„Produzent"

Wir finden uns zu einer Runde Poolbillard ein. Die Villa des Farmers ist ungewöhnlich schlicht und elegant eingerichtet. Die dicken, unverputzten Ziegelwände werden nur durch breite Glasfassaden unterbrochen, die das Panorama der weiten Steppe freigeben. Der Kontrast zwischen den Fenstern und den schattigen Innenräumen lässt einen flüchtigen Blick nach draußen kaum zu, da sich die Augen der Helligkeit verwehren. Schreitet man also zur Mittagszeit auf dem kühlen Steinboden durch die geräumigen Zimmer, so erscheinen die Glasfassaden als harmonische, weiße Flächen. Das alles wirkt wie ein Stanley-Kubrick-Film: makellos, schlicht und wesentlich.

Man wundert sich, dass wir nicht ein, zwei Wochen bleiben, als wir uns von unseren Gastgebern verabschieden. Rick gönnt unserem Wagen noch einen kräftigen Schluck aus seinem Mad Max-Tank und wir rollen im Abendlicht von der Ranch. Als wir wieder auf dem Highway sind, sieht der genau so aus wie zwei

Tage zuvor. Und genau so wie an all den Stellen, die man einfach passiert, ohne jemals zu erfahren, was dahinter liegt. Jetzt wird mir klar, was ich beim Reisen in Zukunft immer tun werde: dem Zufall eine Chance geben.

Kapitel 5

Playlist

1. Vivaldi – Die vier Jahreszeiten
2. Beethoven – Mondscheinsonate

Der Westen

[Sa, 25.5.02]

„Produzent"

Von Europa aus kann ich es sehen: die USA haben die Zeit der Aufklärung noch nicht hinter sich. Sei es die Einstellung zum Sex (in einigen Bundesstaaten ist Oralsex verboten!), die widersprüchliche Fastfood & Bewegungsmeidung vs. Vitaminpillen- & Fitnessprogramm-Mentalität oder der weit verbreitete Waffenfetisch trotz ständiger Massaker. Nehmen wir die Drogenpolitik. Wer ein einziges Mal Marihuana raucht, läuft Gefahr, in den Knast zu wandern. Besitzt man gar eine Pflanze, so kann man in über einem Dutzend Staaten zu Lebenslänglich verurteilt werden. Mehr als zehn Prozent der Kongressmitglieder sprachen sich noch 1997 für die Verhängung der Todesstrafe für diejenigen aus, die über 60 Gramm Gras in die USA einführen würden. Nach einer offiziellen Studie wurde im Jahr 2000 alle 43 Sekunden ein Bürger aufgrund eines Marihuana-Deliktes verhaftet, und wenn man bedenkt, dass die Rechtslage schon seit vielen Jahren derart konservativ ist, dann möchte man meinen, es wäre sinnvoller, nicht in die Strafverfolgung sondern in die Prävention zu investieren. Harte Gesetze für ein Land, in dem der letzte Präsident selbst haschte und der aktuelle ein trockener Alki ist. Das hat natürlich alles seine Gründe. Die sind aber nicht unbedingt immer sehr einleuchtend. Schon gar nicht für Weltbürger, die Europäer schon deshalb sein müssen, weil man über den Rand eines kleineren Tellers per se eher hinausschaut.

Noch vor zwei Monaten war ich mir sicher, man könnte in den Staaten nicht einfach mit Isomatte und Schlafsack losziehen und sich irgendwo in der Landschaft niederlegen, wenn man genug von der Straße hat. Ein paar Mal wurde ich von den Cops vom „No Overnight Parking"-Stellplatz gejagt – immer dann, wenn ich gerade den Lärm des zehn Meter entfernten Highways verdrängt hatte. Und wenn ich sogar einen netten Park oder einen kleinen See gefunden hatte, mich entspannt unter den Himmel legte, dann konnte ich davon ausgehen, dass Punkt zehn ein Sheriff vorbeifuhr und mich darauf aufmerksam machte, es dürfte sich jetzt hier keiner mehr auf dem Gelände aufhalten und ich solle zum nächsten Zeltplatz fahren. Mit der Zeit habe ich jedoch herausgefunden, dass man auch in den Staaten ungestört wild campen kann, nur findet man die Ruhestätten nicht ganz so einfach wie etwa in Australien.

Die Karre läuft, wir machen Meile um Meile. Da die Zeit drängt und uns die Route 66 bisher alles, nur kein Fortkommen brachte, nehmen wir die Interstate. Dougs Mutter, die jahrelang in einem Diner an der Route 66 gearbeitet hat, konnte die Geschichte vom „Phantom Dog" übrigens nicht bestätigen. Sie ist im Laufe der Jahre mit fast allen Truckern, die die Route damals befahren haben, zusammengekommen und hat nie von der Story gehört.

Wir sind bis um zwei in der Nacht gefahren, haben Gallup hinter uns gelassen und in einer Rest Area gepennt. Unser Kameramann wieder im Auto, wir auf der Hügelkette die genau dahinter lag. Wie immer, wir sind lernfähig, haben wir äußerste Vorsicht walten lassen, als wir den Schlafplatz ausgesucht haben. Cops sind schlimmer als Jetlag und Schlangen kommen noch vor den Ameisen. Der Himmel war klar, links unter uns die Interstate, dahinter eine Bahnlinie und ein Bahnübergang, der zur Folge hatte, dass dort die riesigen Züge die halbe Nacht ihr Horn blasen. Unterm Vollmond ging mir die Frage durch den Kopf, ob hier Getier heimisch ist, und wenn, welches. Mit einem Reptil, das durch die Wärme angelockt, nachts in den Schlafsack kriecht, ist bestimmt kein angenehmer Beischlaf zu haben. Für Spinnen ist es hier hoffentlich zu kalt – na ja, erstmal einschlafen und gucken. Mitten in der Nacht werde ich wach. Neben mir sitzt etwas Katzenartiges. Ein Luchs? Nein, zu klein für einen Luchs. Bin ich überhaupt wach? Nein! Klarkommen! Ich werde wirklich wach, setze mich erschrocken auf, vor meinen Füßen eine Schlange, die sich dann als in Reihe liegende Grashalme entpuppt. Puh! Es ist wie eine Traumschleuse, in der man erst in einen etwas klareren Traum umschwenkt und dann noch entsetzter aufwacht.

Es war ganz schön kalt geworden, das Schlafen unangenehm, außer in der Embryonalstellung. Ich wache auf und sehe zwischen den Bergen den Sonnenaufgang. Die Vegetation ist spärlich. Der Sonnenaufgang hatte sich erst mit einem Feuerrot angekündigt und ist dann in ein warmes Orange aufgebrochen, Hammer. Wir fahren los.

Route 66, das hieß für uns meist Interstate. Entweder verlief die originale 66 direkt neben der Interstate, so dass es keinen Sinn machte, auf dieser Straße zu fahren, da keine fünfzig Meter entfernt Trucks die Kulisse bestimmten. Oder unser Auto machte mal wieder Ärger und wir mussten die in zahllosen Hinterhofgaragen verlorene Zeit zum Reparieren der Kiste wieder auf der Schnellstraße rausholen. Geradezu grotesk wirkt es, dass die Route 66 in vielen Dörfern von ihrer ursprünglichen Straße immer mal wieder um ein paar Häuserblocks abweicht, damit man als Klischee-Tourist auch jede pseudohistorische Kneipe und jeden Souvenirshop mitnimmt. Grotesk, weil es uramerikanischen Geschäftsinstinkten folgt und dennoch vom Pfad der amerikanischsten aller Straßen abweicht. Uns fiel es jedenfalls nicht schwer, uns heute für einen etwas größeren Abstecher zu entscheiden: Grand Canyon und Las Vegas. Beides Namen, die sofort ein paar Bilder in jedem Kopf hervorrufen.

„Berater"

Wir suchen nach einer Bibliothek, fahren durch einsame Vororte, es sind nur Autos auf den Straßen. Die Bibliothek ist noch geschlossen, mein Produzent sieht durch die Fenster, dass die Uhr drinnen auf zwei Stunden später gestellt ist. Wir haben total verpeilt, dass wir die Zeitzonen durchquert haben und müssten hier weitere zwei Stunden warten, bis wir reingelassen werden. Wir fahren weiter nach Flagstaff, feiern auf der Fahrt unsern Song „...Flagstaff, Arizona – Kingmann, Barstow, San Bernardino. with you."

In Flagstaff finden wir eine große Bibliothek. Eine junge Frau kommt rein und lächelt von Anfang an. Sie gibt uns den Tipp, am Grand Canyon Einlasstor zu sagen, dass man nur einen Freund in einem der Hotels dort besuchen will, weil der dort ein Saisonarbeiter ist. Sie sucht eine Adresse raus, die wir den Beamten sagen können und lächelt dabei die ganze Zeit. Immer wieder freundliche Menschen hier, wirklich heftig hilfsbereit.

Am Grand Canyon sparen wir mit diesem wertvollen Tipp 30 Bucks. Die Beamtin, auch jung, hübsch, freundlich und von der ersten Sekunde in unser Auto verschossen, weiß ganz genau, dass wir keinen Freund hier haben, berechnet uns aber trotzdem nichts, grinst nur augenzwinkernd, als wir weiterrollen. Die Fahrt zum Canyon geht gnadenlos aufwärts. Wir haben schon

Angst, dass der Caddy wieder schwächelt. Als wir dann als Touristen unter vielen am Rande der riesen Spalte stehen, ist es auch klar, warum unter vielen. Es ist beeindruckend! Rund um den Canyon gibt es mehrere Ausblicke. Wir halten an einigen an und machen Aufnahmen. Zum Teil kann man an unabgesperrten Stellen, die in der Überzahl sind, bis an den Rand vortreten. Fett! Ultratief!

„Da wird gerade ein Porno gedreht!" ruft mein Berater. Ich reiße das Steuer rum, wittere schon fette Bildausbeute und donnere direkt in den Straßengraben. Meine Jungs schreien mich an, als ob ich das letzte bisschen Verstand verloren hätte. Außer sich vor Zorn weigern sie sich, die Chance auf bizarre Bilder zu nutzen: *„Spinnst du jetzt total, Kluge?"* Ich bin völlig vor den Kopf gestoßen, hatte erwartet, dass sie mit den Kameras aus dem Wagen springen. *„Wer hat euch denn angepisst?"* *„Na los, geh hin und hol dir einen runter!"* motzt mein Berater und mein Kameramann schüttelt verständnislos den Kopf *„Du kannst nicht ein-*

fach mit 30 in den Graben fahren!" „*Ich parke hier vorschriftsmäßig
am Straßenrand! Ihr solltet bei dem Porno nicht mitspielen, sondern
drehen. Scheiße, ich bin mit einem Haufen verklemmter Jammerlappen
auf Tour!"* motze ich zurück. Der Tag ist für mich gelaufen.

Las Vegas

Playlist

1. ZZ Top – Viva Las Vegas
2. Elvis – Such a Night

„Berater"

Ich schlafe 150 Meilen lang und wache auf, als der Caddy sich
den serpentinenartigen Highway in die Berge hinaufquält. Es
ist dunkel und der Vollmond steht hinter den Wolken. Auf der
Bergkuppe angekommen geht es 15 Meilen lang schnurgerade,
einspurig weiter. Man kann die Kette der Autos meilenweit
sehen. Eine halbe Stunde später muss hinter der nächsten Bie-
gung Las Vegas auftauchen. Was dann kommt, ist aber mehr als
die Summe dieser Worte. Die Stadt liegt in einem Tal und wirft
Massen von Licht. Überall blinkert es. Der Lichtteppich wird fla-
cher, je tiefer wir kommen. Als wir durchfahren, die Kamera geschultert, komme ich völlig runter. Es ist Samstag, und es steht ein
langes Wochenende ins Haus, diesmal ist an der Westküste Memorial Day, den wir auch schon an der Ostküste abgefasst haben,
und hier ist's völlig zugeschissen mit schrillen Passanten, abge-
schmackten Urlaubern, verzweifelten Glückssuchenden, aufge-
leierten Kindern, genervten Eltern und brünstigen Halbstarken.
Die Straßen sind verstopft und die Motels ausgebucht.

Wir beschließen einfach nur durchzufahren. Unser Riesenschiff
erzeugt ultra Aufsehen. Bei Schritttempo pegelt sich der Sprit-

verbrauch zwischen 40 und 50 Litern ein und für die letzte Meile haben wir vielleicht eine Stunde gebraucht. Die ganze Stadt ist aufgesetzt. Blinkern, schillern, Casino hier, Casino dort. Wieder auf dem Highway, fährt man dann in zehn Minuten die Rückseite der Stadt ab, die aussieht wie eine Theaterkulisse von hinten. Vegas ist nichts als ein Theater in Disneylandgröße. Vegas ist scheiße.

„Produzent"

Ich liebe Las Vegas. Reist man von Westen an, dann beginnt man in der endlosen Einöde, die Vegas umgibt, bereits lange vor der Spielermetropole nach zivilisatorischen Errungenschaften zu trachten. Reist man gar nach Hunter S. Thompson Art im amerikanischen Cabrio, so brennt einem die Sonne spätestens im Death Valley, achtzig Meter unter dem Meeresspiegel, den Durst in die Kehle. Auch noch nach einem Blick in die Ether-Flasche. Erreicht man die ersten Tankstellen in Nevada, noch immer inmitten von trostloser Steppe, so wird man bereits auf die Casinowelt eingestimmt: Obwohl weit und breit kein Haus zu sehen ist, sitzt ein gutes Dutzend Einheimische an Einarmigen Banditen und vollzieht monoton seine Glücksrituale. Schon hier wundert sich der aufmerksame Fremde das erste Mal, dass unter den Spielern scheinbar sämtliche Volksschichten vertreten sind. Vom gerade erst ins legale Spiele-Alter erwachsenen Jüngling über den soliden Cowboy, der einfachen Hausfrau, den durchreisenden Geschäftsmann bis zur gelangweilten Witwe sind alle Facetten amerikanischer Sozialisationsformen zu sehen.

Musikalisch formuliert kann man sich den Weg nach Vegas in etwa so vorstellen: bei der Anfahrt durch Ödland schwängert noch Ennio Morricones „Spiel mir das Lied vom Tod" die Luft, während sich mit den immer häufiger, größer und schriller werdenden Casino-Werbetafeln mehr und mehr schneller Hardrock dazumischt, der sich mit der einbrechenden Dunkelheit und der

Überfahrt jener Bergkuppe, die den ersten Blick auf das Lichtermeer freigibt, in seinem Höhepunkt ergießt, um sich schließlich mit dem Befahren des Strips in Klassikern von ZZ Top und Elvis zu entfalten und enthemmt auf eine lange Nacht voller erlösender Desensibilisierung, Reizüberflutung und Realitätsentfremdung vorzubereiten.

Dank eines der wenigen amerikanischen Feiertage sind es diesmal leider weniger die notorischen Spieler als mehr die Vegas-Touristen, die den Strip bevölkern. Und mit ihnen kommt zwar mehr Geld, aber auch mehr Erlebnispark-Atmosphäre als zwielichtiges Glückspiel-Klima à la Martin Scorseses „Casino" in die Straßen. Vor einigen Wochen habe ich mitten am Strip noch ein gutes Zimmer für 60 Dollar bekommen. Mit King Size Bett, goldenen Wasserhähnen und Pornokanal. Heute wollen die Jungs zwischen 150 und 175 Dollar. Und über meinen AAA-Spruch wird nur noch gelacht. Das ist eben Vegas, man nimmt, was man kriegen kann, da ist kein Platz für Beständigkeit.

Wir verlassen die Stadt und dann die Interstate gen Hochland. Als ich im Schlafsack auf dem flachen Boden unterm Vollmond liege, habe ich das Gefühl, ich könnte die Erde mit meinen Armen wie einen riesigen Wasserball umschlingen. Wie muss es sein, in der Sahara einzuschlafen? Warum vergleicht man Erfahrungen immer mit vermeintlich noch größeren und spektakuläreren Dingen? Wir fahren diesen Eldorado, es könnte auch ein De Ville sein. Wir haben drei Wochen Zeit, es könnten auch sechs sein. Wir wählten die Route 66, es könnte auch die Panamericana sein. Liegt das in unserer Natur? Wenn ich mich an andere Reisen erinnere, so sind es winzige Details, die hängen blieben. Details, die mit der Größe der Reise nichts zu tun hatten. Auf jeden Fall stelle ich erfreut fest, dass neue Touren die Erinnerungen an weniger spektakuläre nicht geschmälert haben. Davon abgesehen, die nächste Nacht, die ich in einer Wüste neben meinem Fahrzeug verbringen werde, werde ich mich so legen, dass ich am nächsten Morgen in dessen Schatten aufwache. Und eventuell werde ich dabei auf Ameisenlöcher achten.

Epilog

Playlist

1. Bruce Springsteen – Born in the USA

[So, 26.5.02]

„Berater" Los Angeles: überall Palmen und Sonnenschein. Die Frauen sind an der Westküste schöner, das muss ich mit jeder Meile feststellen. Vielleicht liegt es an meinem dreiwöchigen Samenstau, aber vielleicht auch wirklich an den Frauen. Kurz nach einem Stopp im Internetkaffee klingt der Cadillac wieder wie ein fieser Chopper, laut und kaputt. Die Schelle, die sich gestern gelockert hatte, ist wieder gekommen. Wir parken das Auto mit einer Seite auf dem Bürgersteig, so dass mein Produzent drunter passt und mit der „God-Bless-Diese-Zange-Aus-Meines-Mitbewohners-Werkzeugkasten" die Sache in Ordnung bringen kann.

Den Walk-Of-Fame, mit den Sternchen und so, finden wir nicht, ebenso wenig die Hollywood-Buchstaben, ich bin voll gereizt. Mir ist, als ob ich diesen ganzen Hype-Scheiß nicht brauche, kann es mir aber noch nicht eingestehen. Ich denke darüber nach, ob auch dieser Trip dazu da ist, medienrelevante Plätze auf der Welt zu besuchen, um die drei Worte „Ich war da!" sagen zu können. Eigentlich will ich baden gehen, weil es heiß ist und wir nah am Pazifik sind.

Der Grand Canyon als Naturspektakel war schöner, emotionaler, vielleicht spiritueller als der Blick vom Empire State Building in New York. Bezeichnenderweise sehe ich, wenn ich an New York denke, den Aborigine vor meinem Auge, der in dreckigen Sportklamotten am Rande des Sidewalks steht und nicht weiß wohin. Ich will New York niemals missen, ich sehe dadurch die Unterschiede zwischen unserem Abenteuer und unseren Vorstellungen darüber viel deutlicher. Dass mir Menschen wichtiger geworden sind, liegt an Joe und Rick und allen anderen hier, denen ich mit einem Lächeln im Gesicht mein schlechtes Englisch um die Ohren hauen konnte. Sie haben mich mehr beeindruckt, als an einem Ort zu sein, den ich aus meiner Sekundärwelt schon kenne.

Fassade hin, Fassade her. Wenn ich mir Gedanken über mediale Scheinwelten, amerikanische Wertevorstellungen und deren Auswirkungen mache, bleibt am Ende mal wieder die Erkenntnis, dass diese Welt zu komplex ist, um in schwarzen oder weißen Kisten verstaut zu werden. Und dass keine Fassade nicht interessant genug wäre, als dass sie es nicht verdient hätte, dass man wenigstens einmal zum Fenster rein schaut. Auf keinen Fall möchte ich auf Hollywoods verschobene Lebensdarstellungen, auf liebenswerte Hinterweltpolizisten oder auf New Yorks Musterpenner verzichten. Ohne diese Dinge wäre meine Vorstellungskraft erheblich geschmälert. Schließlich, Ikeagenerationstypisch, leiste ich mir das Privileg, keine klare Position beziehen zu müssen: Amerika ist falsch. Lang lebe Amerika!

Die Bremsbacken sind dermaßen runter, dass es Funken schlägt, wenn man nur ans Bremsen denkt. Metall auf Metall nennt man es, wenn sich der Zylinder direkt in die Scheibe fräst. Und so klingt es auch. *"Die dreißig Meilen bis zum Flughafen schaffen wir noch!"* sagt mein Produzent. Uns ist es inzwischen egal. Wir sind an der Westküste, haben unser Ziel erreicht. Auch die letzten Meilen macht die Kiste noch mit, wir stellen den Wagen am Flughafen ab. *"Legen sie den Schlüssel ins Handschuhfach und verriegeln sie den Wagen!"* meinte der Vermieter. Wie verriegelt man ein Cabrio, bei dem die Heckscheibe zertrümmert ist? Auch das Handschuhfach fliegt immer wieder auf, also kleben wir den Schlüssel unter das Fach, treten dem Wagen noch ein letztes Mal an die Reifen und verschwinden Richtung Osten.

Stichwortverzeichnis

Website zum Buch: www.blickreich.de/route66